尽 善 尽 美　　🝰　　弗 求 弗 迪

华为致员工书

只有奋斗的人生
才能成就自己

丁伟华　　孙科柳

——

著

電子工業出版社

Publishing House of Electronics Industry

北京·BEIJING

内 容 简 介

任正非在《致新员工书》一文中，明确了华为人的职业要求，强调了华为人的成长逻辑。为了清晰再现华为人的成长历程，本书从"认清自己，定位自己""理解和融入企业文化""加强自我培训，不断成长"等16个方面梳理了华为人的职业理念、工作哲学和行动法则。

本书可以作为企业文化建设、员工职业化培养的学习用书，也可以作为个人职业提升的参考读本。

图书在版编目（CIP）数据

华为致员工书：只有奋斗的人生才能成就自己 / 丁伟华，孙科柳著 . —北京：电子工业出版社，2019.7

ISBN 978-7-121-35644-5

Ⅰ.①华… Ⅱ.①丁… ②孙… Ⅲ.①通信－邮电企业－企业文化－深圳 Ⅳ.① F632.765.3

中国版本图书馆 CIP 数据核字（2019）第 011370 号

责任编辑：王陶然　　特约编辑：田学清
印　　刷：三河市鑫金马印装有限公司
装　　订：三河市鑫金马印装有限公司
出版发行：电子工业出版社
　　　　　北京市海淀区万寿路 173 信箱　邮编：100036
开　　本：880×1230　1/32　印张：7.5　字数：168 千字
版　　次：2019 年 7 月第 1 版
印　　次：2021 年 8 月第 3 次印刷
定　　价：39.80 元

凡所购买电子工业出版社图书有缺损问题，请向购买书店调换。若书店售缺，请与本社发行部联系，联系及邮购电话：（010）88254888，88258888。
质量投诉请发邮件至 zlts@phei.com.cn，盗版侵权举报请发邮件至 dbqq@phei.com.cn。
本书咨询联系方式：（010）57565890，meidipub@phei.com.cn。

作者简介

ABOUT AUTHORS

丁伟华　资深管理顾问、职业培训师

拥有 14 年华为公司中国、西非、南部非洲等国家和地区工作经历，先后在研发、市场、人力资源等部门工作，担任过各代表处或地区部销售管理经理、人力资源经理、讲师等职。他在企业的职位与任职、薪酬、绩效、干部、人才、培训赋能、组织氛围等人力资源管理内容方面具有丰富的操作经验。他主导和参与过项目型组织建设、人才管理与发展规划、管理者继任计划、人力规划及优化等内部改善和变革项目。

孙科柳　管理咨询顾问、产业研究员

教育部"十二五"职教课题专家组成员

拥有近 20 年外资企业经营管理、课题研究以及咨询辅导经验。长期研究华为、麦肯锡、IBM 等标杆企业，曾出版相关著作数十部，总销量达 100 多万册，部分著作曾被韩国、印度等地引进，被翻译为英语、印地语等在海外发行。他的作品曾入选我国 2016 年度"大众喜爱的 50 种图书"，入选 2017 年"砥砺奋进的五年"出版成就展。

课程培训/落地咨询

电话:13520129692
　　　15399978951

Q Q:3586284057

视频微课/案例分享

前 言

华为能够有今天的成就，很重要的一个原因就在于在员工职业化培养方面肯下工夫。在我与许多企业经营者及培训管理者的沟通中，他们都希望了解华为是如何做到的，华为人又是如何实现蜕变的。任总曾有一篇著名的《致新员工书》，大家也想了解这篇文章里的要求和观点在华为内部是怎么落实的，是怎样深刻地植入华为人的成长历程的。

我们知道，拼搏在一线的华为人大多数是一些"80后""90后"，这些斯斯文文的知识型员工大部分还是独生子女。在别人家的孩子还在"啃老"，还在对工作横竖都不满意，还在沉溺于吃喝玩乐的时候，他们却奔波在世界各地，在最艰苦的地方"开疆拓土"，在"枪林弹雨"中不离不弃地为客户服务。

军人出身的任总把军队文化传播给了 18 万名知识分子，使之成为一个个"战士"、一个个"将军"，在强调服从意识和团队精神的基础上，又不泯灭激情和斗志。可见，好的文化机制，好的培养方式，能把人的潜力充分挖掘出来。

这就是我想说的：我们学习华为，就必须了解华为企业文化的底层逻辑，以及长期支撑华为人艰苦奋斗的职业理念。为了帮助更多职场新人树立健康的职业观念，快速适应工作环境，找准自己的定位，我结合多年在华为的工作经验及新员工培训经验，对华为的人才成长进行了深入的分析并整理成书，希望能够为广大有理想的职场人士提供一些可供学习的成功案例。

为了更好地帮助读者朋友真正地了解华为人的职业成长经历，以及他们取得不俗成就的原因，我在书中结合华为公司的实际情况、我所了解到的或参与过的华为发展过程中的案例、华为人的经验等内容，为大家深入剖析华为人是如何成长起来的。

同时，在写作过程中，我也尽量做到贴近企业当下的现实情况，注重将理论知识与真实事件相结合，以便于读者朋友更好地理解华为员工的成长历程。限于笔者能力，书中难免存在不足之处，希望读者朋友不吝赐教，提出宝贵的意见和建议。

丁伟华

目　录

CONTENTS

第 1 章

认清自己，定位自己

任正非嘱咐华为人："工作就是要找准方向。找准自己的位子，找准未来发展方向，踏踏实实地前进。"无数职业人士的成功经历一再表明，一个人能否清醒地认知自我、自发地设计职业目标并时刻保持目标感，是取得职业成功的关键。

对职业成长的思考：

1. 如何定位自己和找准自己的职业方向？

2. 如何看待工作岗位与职业发展之间的关系？

3. 如何结合个人兴趣，规划自己的职业发展道路？

4. 面对困难和质疑，怎样坚定自我信念？

1.1　找准方向，给自己一个准确的定位

大部分人进行职业定位、选择职业方向时都会产生错觉，这与个人职业上的认知偏差有关。所谓职业认知偏差，是指个人对职业的主观认知与客观事实是不符的。

1.1.1　清醒地认知，避免自我服务偏见

人们极容易过高看待自己。即使一个刚从学校毕业、没有任何工作经验的学生，也有可能会认为某些工作轻而易举，而实际情况并非如此。

一名员工刚到华为时，就公司的经营战略问题，写了一封万言书给任正非。这名新员工是国内某顶尖大学的高材生，原以为自己这封万言书能得到任正非的肯定和赞扬，但是结果却出乎意料。任正非看了他的这封万言书后，批复："建议辞退。"

对于这样的现象，任正非在内部讲话中强调："要有系统、有分析地提出建议。作为一个有文化的人，草率的提议，对自己是不负责任的，也浪费了别人的时间。特别是新来者，要深入、透彻地分析问题，找到解决的办法，踏踏实实地去做，不要哗众取宠。"

新员工刚入职，对公司文化、业务都不了解，就提出公司的发展建议，无异于纸上谈兵。马云也曾说，刚来公司不到一年的人，千万别写战略报告，千万别提发展大计，谁提谁离开。

职业上的认知偏差，发生在职业初期的 3～5 年中——这 3～5年时间是最关键的时间段。因而，避免这种认知偏差实际上就是让我们少走弯路。

———— 职业管理要点 ————

自我服务偏见

美国心理学家在美国进行的一项全国性的调查中有这样一道题目："在一个百分制的量表上，你会给自己的道德和价值打多少分？"50% 的人给自己打 90 分或 90 分以上，只有11% 的人给自己打 74 分或 74 分以下，按这种自我评价得出的统计结果远远高于一般调查的平均值。这个调查印证了人们常见的心态：每个人都会不自觉地认为自己比其他人更优秀——可能认为自己更聪明、更能胜任工作等。

相比过高地看待自己，也有一少部分人会过低地看待自己。当别人有超出自己能力的出色表现时，人们经常性的反应是对方一定有某些特殊的天赋，因而自叹弗如。这种心理的直接后果就是，我们承认自己不行，最终放弃了努力。

我们所不愿意承认的是，他人每一次光芒的背后都有你我看不见的汗水和付出，正如华为著名的芭蕾舞女广告所揭示的那样——华为的辉煌、成功和华丽背后，是华为人 30 多年来付出的艰辛和努力。

1.1.2　定位自己，坚持自己的职业发展道路

就"如何确定自己的职业方向"这个问题，华为高管陈黎芳给出的建议是，在多种不确定性中，找到一个确定的、准确的判断。

在职业定位上，我们要务实、清醒。任正非谈到自己在华为的角色时，这样说道："我个人谈不上伟大，只是个普通人，我自己什么都不懂，也什么都不会，只能借助比我更专业和更有能力的人来为华为服务。我就懂将华为人团结在一起，朝着一个大的方向努力。"

听到这样的话语，我们还有什么理由不谦虚、不务实呢？成就我们的一定是我们的行动，而不是想象。

学搜索引擎专业的熊怡加入华为之后吃了不少苦。没有任何项目经验的她刚到岗，主管就给她一份资料，让她直接上手做项目。尽管手足无措，熊怡还是硬着头皮上了。写完代码、做完单元测试之后，熊怡发现自己不知道怎么把写好的代码嵌入到项目中。她不好意思打扰同事，于是经常一个人熬到深夜想办法解决问题。

熊怡接连熬了好几个通宵。最痛苦的时候，她开始质疑自己当初的决定，甚至认为自己是不是应该听取朋友的建议，跳槽到其他公司做搜索引擎。但是等把这个特性嵌入到项目中时，代码顺利运行了起来，她开心得就像自己写出了世界上第一厉害的代码一样，喜悦之情溢于言表。

一晃十几年过去了，熊怡已经成为华为的高级专家。说起最初的经历，她笑道："不要因为某个职位别人都觉着好，自己就去做。要找准自己的方向，而且一旦做出选择，就要静下心来，坚定不移地朝着自己的目标前进。"

其实每一个人在面临职业发展选择的时候都会困惑、迟疑，但如果你对自己有一个非常清晰的了解，并依据自己的定位，找准最适合自己的职业发展道路并坚定不移地走下去，就能收获事业成就感，构建成功的未来。

1.1.3　长久地坚持和努力，踏踏实实地前进

任正非一再要求华为人，要找到自己存在的问题和缺点，认识到自己是谁，坚持走自己的道路。

如果你已经对自己有了清晰的了解和定位，就要坚定地朝着既定方向和目标努力下去。

2015年，龙国柱博士在华为国际会议中心分享工作经验的时候，感叹道："我一辈子就做了这么'一条线'。"

在博士稀缺的20世纪70年代，从清华大学毕业之后赴美深造读博且兼有"DSL Annex.C之父""美国亚裔杰出工程师"等头衔的龙国柱博士，怎么看也应该去高校或研究所做一名学者，但他却坚持在华为做铜线宽带接入工作，在东北的深山老林里，爬了十年电线杆。

会议上，华为员工对于龙博士的坚持非常不解，直言不讳道："'光进铜退'，您干这个还有什么搞头？"自从选择做这

个工作，从最初的爬电线杆、架电话线，到加入华为铜线接入研究团队、在铜线接入领域不断推出创新技术，龙国柱博士曾无数次被人问起类似的问题：为什么选择做铜线接入工作？为什么能够坚持下来？为什么……

龙国柱博士甚至有些羞涩，他表示非常庆幸自己能够一直坚持做这个工作，几十年来实现了个人成就不说，还实现了铜线接入从当年的几百bit/s到上百Mbit/s的飞升，目前还在朝Gbit/s努力。华为因此在这个领域获得商业成功，全球几亿人也因此受益。

在你朝着职业发展方向的道路上前行时，一定也会遇到外界的各种质疑，甚至自己也会怀疑是否做出了最正确的决定。但这些质疑不应该动摇你的决心。当你找准了自己的方向，就一定要明确一点，不管是天赋极高的人才，还是资质平平的普通人，要实现自己的目标都需要长久的坚持和努力。你要做的就是像龙国柱博士一样，找准自己的位置，对准目标和方向，踏踏实实地前进。

1.2　树立个人大志向，追求决定未来

面对工作，每个人之所以会有不同的行为表现，是因为各自的追求不一样。一个毫无职业追求的人，行为也是随意懒散的，而一个有着高远目标的人，他所有的行为都是围绕着自己的目标的。

1.2.1　大机会时代要懂得乘势而上

世界正处于快速变化的阶段，随着科技越来越发达，信息流通速度越来越快，各行各业日新月异。很多人说，在这个时代，只要你有才华，就一定不会被埋没。实际上成功的关键在于你能否抓住机会。所以，一定要敢想敢做，有大目标才会有大成就。

2015年，伴随着那句经典的"我是papi酱，一个集美貌与才华于一身的女子"，一位身着家居服、素面朝天的女士发布了她的原创视频。在视频中，她言语犀利，对人际关系、社会现象等进行了独到的点评。

作为一名网络红人，papi酱非常懂得利用网络受众追随热点且偏好吐槽的特点来引流，papi酱在视频中选用夸张和搞笑的手法与网友进行互动。

就是这样一位看似普通的"网友"在半年内迅速蹿红，收割近千万粉丝。在吸收了大量粉丝之后，papi酱顺应时机接下了许多广告，将流量变现，并且拿到了1200万元投资，个人身价也水涨船高。2016年的数据显示，papi酱个人身价估值已过亿元。

任正非曾多次鼓励华为员工要有成为新时代英雄的勇气，要敢于树立个人大志向。他说："现在是信息化社会，机会多得很，我们要敢于用愿景去挑战自我，牵引行动。二十几岁的年轻人为什么就不能当将军？"

信息时代也是大机会时代，每个人都有可能成为下一个收割千万元投资的papi酱。所以，当你想要构建成功的未来的时候，首要的事情就是要敢于树立远大志向，并朝着目标努力，要相信自己会是下一个胡玮炜、下一个papi酱。

1.2.2　越有追求才会越努力

你的职业发展实际上是由你对未来的追求和态度决定的。很多人会抱有这样的想法："当我进入了一个比较差的公司，可能会因为公司的局限耽误个人发展；当我加入了一家有发展潜力的公司，我的职业道路可能就会非常顺畅。"但实际上公司平台的差异只是影响个人职业发展的因素之一，真正的决定性因素在于个人追求。你越有追求，为此付出的努力就会越多，就越有可能实现个人的职业追求，这就是所谓的"成就动机理论"。

────── **职业管理要点** ──────

成就动机理论

美国哈佛大学教授戴维·麦克利兰和美国著名心理学家约翰·威廉·阿特金森提出，成就动机是个体追求自我价值的最大化，或者是在追求自我价值的时候，通过某种方法达到最完美的状态。它是一种内在驱动力的体现，同时也能够直接影响人的行为活动和思考方式，并且是一种长期的状态。

也就是说，成就动机理论认为高成就需求者对工作的胜任感和成功有强烈的要求，会因此投入到工作之中，并始终保持积极的工作状态。

华为高级副总裁余承东在与新员工交流的时候分享了自己的职业发展经历。

余承东加入华为公司的时候，华为公司还只是一个名不见经传的小公司。当时还是一名普通研发人员的余承东并不相信自己能够在华为有什么大成就，所以对待工作的态度不是很积极，每次干完自己的工作就离开公司，不会主动想着工作的事情，也不会主动承担更多的工作职责。

后来任正非发现了余承东身上的闪光点，主动找到余承东，表示华为会成为中国知名的通信公司，让余承东对公司有信心、对未来有信心。当时余承东虽然觉得这个想法不是很现实，但还是开始正视自己在华为的发展，将眼光放得更为长远，立志要成为通信行业的领军人物。

在那之后，余承东对待工作的态度有了非常大的转变，从被动工作变成主动承担更多职责，并且全身心地投入工作之中，更努力地工作，追求更好的成果。

一个对自己的职业发展有追求的人，不管在哪个岗位上都会有出色的表现。因为不管他在什么岗位上，都会因为自己对成就的高需求而不断改进个人的工作方式，在岗位上越做越好。所以，处于职场的你一定要树立远大志向，坚信越有追求就会越努力，从而帮助自己实现职业目标。

1.2.3　你的追求决定你的未来

内心的追求会促使我们向前。怀抱这样强烈动机的人，如果没有实现自己的目标就会很痛苦，从而激发出更加强大的行动力量。

成功者有明确的追求目标，在职业发展的道路上从不因为任何阻碍或挫折动摇自己的决心。

所以，在规划自己的职业方向的时候，一定要树立远大志向并为之努力。当下你认为不可能实现的目标，在你经年累月的努力下，未尝不可能实现。

华为在成立5年的时候就已经初具规模，但是相较于业内的龙头企业，差距还是非常大。所以，当任正非面对员工喊出"华为要超四通"这一口号的时候，底下六七十个员工的第一反应都是老板是不是异想天开。因为当时华为的营业额不到1亿元，但四通已经做到20亿元了。

几乎所有员工都觉得任正非是痴人说梦，结果3年之后，华为成功超越了四通，任正非看似狂妄的"痴言"竟然实现了。紧接着，任正非又提出了一个更远大的追求目标，他大喊："未来通信制造业三分天下，必有华为一席。"此时的华为已经有了几万名员工，但没有一个人再质疑任正非的这份"豪言壮语"，因为华为的成长一次又一次地印证了"追求决定未来"。

华为的成功绝不是任正非喊两句口号就能够实现的，在任正非确定华为的远大目标之后，他就一直以企业发展的大目标来牵引华为人的日常工作，这样一来不仅使员工的工作质量提高了，工作的意义也变得不一样了。

对于个人而言更是如此。你的追求决定了你的行为是对准目标奋斗和努力，还是整天无所事事熬日子，也决定了你在闲暇时间是不断学习充实自己，还是消磨时间混日子。成功者和一般人的差距也就是这样形成的。

对于如何利用自己的时间加速成长这个问题，华为副董事长孟晚舟提出了自己的看法："人生的差别就在8小时之外。想象一下，工作了8小时之后，有的人选择放松、娱乐、刷朋友圈，而有的人选择阅读学习、不断提升自己。几年后，差距就拉开了。"

可是，在职场中，很多人却把"加班"和"进步"这两个问题混淆了。他们不能明白的是，晋升不是因为加班加得多，而是因为一个人比别人付出了更多的时间、更多的努力，个人进步了，所以才成就了自己。

时间对于每个人都是公平的，关键是看你怎么选择。任正非说过，在马赛马拉草原上，你只有比别的羚羊跑得更快，才有可能生存。在职业竞争中，你同样需要这样的决心和勇气。

1.3　每个人都要进行自我人生设计

面对职业选择，任正非告诫华为人："这世界很美，什么我都爱，怎么可能呢？进行了自我设计之后，你才能用设计的目标严格地要求自己，约束自己，使自己朝着目标走。"

1.3.1　职业要与个人兴趣特性相匹配

的确，人生发展的道路有很多，各行各业各个岗位你都可以去选择，但你不可能在每个领域都有发展。所以，在真正进入职场之前，找准适合自己的人生发展方向才是最重要的。只有找准了人生的切入点，才能沿着这个方向越干越有兴趣，越干越有发展。

所以，你首先就要对自己有一个深入的了解，找到自己的兴趣所在，以及个人特点和优势、劣势是否能与个人兴趣和最终选择的职业之间形成平衡的关系。这时你可以借助一些职业管理工具，如霍兰德职业兴趣测试，早一点明确自己的人生方向与目标。

━━━ 职业管理要点 ━━━

霍兰德职业兴趣测试

美国职业指导专家霍兰德根据本人大量的职业咨询经验，以及他的职业类型理论编制了一套测评工具，即霍兰德职业兴趣测试。

霍兰德认为每个人的职业兴趣特性与职业之间应有一种内在的对应关系。根据每个人不同的兴趣特性，人格可分为艺术型（A）、研究型（I）、传统型（C）、现实型（R）、社会型（S）、企业型（E）六个维度，每个人的性格都是这六个维度的不同程度组合。

霍兰德职业兴趣测试的结果会显示出你在哪个维度，也就是你对哪种职业环境的兴趣较浓。当然，不一定要选择与个人兴趣

完全对应的职场环境，因为你不一定只有单一的兴趣特性。当自评结果前三显示为 RCA、AIS 等的时候，可以参照这些兴趣类型匹配职业类型。

华为公司在面试之前，都会让应聘者做一份性格测试。这是由美国公司设计的一份职业性格兴趣是否匹配的测试。华为公司每年花费上千万元从国外购买测试项目，除了为公司选定最适合岗位的员工，也希望借此让员工能够从事自己热爱的职业，以保证他们能够长期在华为工作。

可见，公司为了让员工找准职业方向，以便长期在公司发展，也会考虑到备选员工的兴趣类型是否与职位需求匹配。所以，作为个人而言，更要对自己的职业生涯负责，在选择职业之前先分析个人兴趣特性，选择与个人情况更相符的职业。这样有利于找准职业发展方向，确定自己的人生目标。

1.3.2　对于个人职业发展要有长远的规划

在初步进行自我职业设计之后，我们还要对未来职业发展进行一番设计。当你对选定的职业有了长远的规划，就如同在航海过程中找到了远方的灯塔。依据它的指引，职业的巨轮才能避开暗礁险石，抵达想要到达的目的地。

对职业发展进行长远设计，不仅要考虑职务等级的提升，即纵向发展；还要考虑横向发展，要能够扩宽自己的职业道路，为以后的发展创造更加有利的条件。

王端军加入华为之初就非常认真地思考自己在华为的职业之

路，他给自己制订了一个"358计划"，即3年内要成为一名专业的项目经理，5年内成为一名优秀的项目经理办公室主管，8年内升职为副代表。

在接手第一个大项目的时候，王端军的主管还非常担心他经验不足，不能胜任，但是他夜以继日地努力，优化了项目前期管理中出现的种种问题，交付的进度和质量都远远优于竞争者。在项目取得了很好成绩的同时，项目经营结果也持续改善，客户满意度不断提升。因为工作能力突出，进入公司才3年的王端军获得了"华为公司金牌项目经理"的称号。

王端军进入华为公司的第5个年头，华为公司中标了摩洛哥一个涉及4000多个站点的项目。王端军担任了摩洛哥项目的项目经理办公室主管，并且成功交付了这个大型项目。他不仅带领团队实现了既定目标，还得到了客户高层的高度赞扬。2015年是王端军在华为职业生涯的第8年，他被任命为摩洛哥代表处副代表，至此实现了自己的"358计划"。

王端军通过制订职业生涯的发展计划，使自己渐近式地靠近目标，最终实现了自己的职业理想。由此可见，个人事业的成败，很大程度上取决于有无长远的职业规划。

所以，当你经过自我设计确定职业发展方向之后，一定要制订长远的职业发展计划，合理规划职业人生，减少职业发展道路上的犹豫和徘徊，以便更好、更快地实现自己的理想。

第 2 章

理解和融入企业文化

任正非多次强调，如果员工想要借助公司的平台快速成长，就要深刻领会企业文化的内涵，跟随企业的步伐一起前进。所以，当你成为企业的一员，你要快速融入工作环境之中，与公司一起成长，从而取得事业上的成就。

对职业成长的思考：

1. 如何理解企业文化，适应新的工作环境？

2. 如何对待同事间的观念冲突，以及如何处理同事关系？

3. 在融入团队的基础上，如何保持自己的个性和思想的独立性？

4. 如何帮助同事理解企业文化，让大家的目标保持一致？

2.1　深入理解企业文化，增进文化认同

任正非曾多次强调，员工要想借助企业实现事业理想，首先就要适应公司的企业文化，成为企业的一员。他说："任何人都必须开放自己，融入华为的文化生活中去。要有能上能下的心胸，适应企业的发展。"

2.1.1　主动接受培训，深化对企业文化的认识

在你正式就职之后，一定会了解公司的企业文化。很多人都认为企业文化并不是明文规范，不能直接约束个人行为，甚至觉得企业文化只是很虚的东西，所以将企业文化当成几句空洞的口号，而不是真正去理解它并以此建立起与公司的联系。实际上企业文化并不是虚空的几句标语，而是一种将你与公司牢牢捆绑在一起的无形的契约，也就是所谓的"心理契约"。

———— 职业管理工具 ————

心理契约理论

美国著名管理心理学家施恩在《职业的有效管理》一书中提到"心理契约"一词，他在书中将"心理契约"定义为"个人将有所奉献与组织欲望有所获取之间，以及组织将针对个人期望收获而有所提供的一种配合"。

也就是说，组织和个人之间存在一种无形的契约，虽然没有以书面契约的方式让双方产生紧密的联系，但这种无形契约发挥着一种有形契约的影响。企业的文化价值观就是无形契约的一种。

可见，当你有了长期在公司发展的规划，你首先要做的就是深入理解企业文化。只有深化对企业文化的认识，才能与组织建立起心理契约，进而对组织产生强烈的归属感，并对工作高度投入。

2014年，从金融专业毕业的覃翔成为华为的一员，一开始她做的都是一些琐碎基础的工作，与她预期的职场生活完全不一样，所以最初她的工作积极性不是很高。

几个月之后，覃翔发现自己的工作状态不佳是因为个人的价值观不能与公司无缝对接，以致自己无法从心底认同公司的企业文化和价值观，所以她也不认可自己做的工作。覃翔认为如果自己仍然保持这种状态，是无法在华为公司有发展的。所以，她端正了个人心态，沉下心来学习公司的流程制度，并且积极投入到工作之中。她不仅很快能够熟练操作各项系统，提升了自己的财务分析管理技能，还与领导和同事建立了友好的关系。

半年之后，覃翔作为"优秀毕业生"从华为的训练营毕业，工作初步有了成效的她被任命为荷兰软件项目群的项目财务。在之后的项目工作中，覃翔不仅取得了良好的经营成果，还用自己满满的正能量影响了周边的同事，营造出良好的工作氛围。

覃翔的心理历程一定也代表了你进入一个新的工作环境时所要进行的心理调适过程。当你真正明白了你所在公司的企业文化的意义所在，并且明确了企业文化的价值，你才能从主观上给自己一个融入新环境的充分理由，并且真正认识到你融入其中的必要性，以及融入企业文化对你职业发展的帮助。所以，当你选定了职业发展的平台，主动接受公司的价值观培训、深化对企业文化的认识是非常必要的。

2.1.2 企业文化要成为你的特质和烙印

任正非表示华为不需要那些逐字背诵企业文化的空头理论家，而是需要在认同华为文化的基础上能够将企业文化落实到行动上的华为人。对此，华为的高管陈黎芳称，华为文化应该成为华为员工的特质和烙印，让客户一见到你就知道你是华为人。

华为高管陈黎芳称，华为员工在实际工作中一定要体现出华为"以客户为中心，以奋斗者为本，长期坚持艰苦奋斗"的核心价值观。

陈黎芳表示，"'以客户为中心'解决的是企业的价值来源问题，价值来源于客户"。也就是说，公司的价值来自客户，每一个华为人都要始终围绕客户的需求工作，用自己的产出为客户创造价值。

"'以奋斗者为本'解决了企业力量来源和依赖的问题，本质上是多劳多得。"陈黎芳表示,华为人要相信,只要自己通过艰苦奋斗为客户创造了价值、为公司带来了价值,就一定能够得到回报,所以一定要坚持艰苦奋斗,承担更大的责任。

陈黎芳强调"长期坚持艰苦奋斗"更要成为每一个华为人身上的标签,不能坚持一会儿就停下来,每个人都要坚持奋斗,坚持向前走。

而正如陈黎芳所强调的,华为人身上普遍带着"华为气质",他们不仅深刻理解和认同华为文化,并且在实际工作中认真践行华为文化,严格按照企业的价值观和评价标准去做事。

华为轮值董事长郭平曾在华为做过产品开发经理,最初他曾被华为的高工作强度吓到,但因为高度认可华为的奋斗者文化,他并没有因此而退缩,而是积极投身工作之中。

那时,他为了及时将产品做出来交给客户,每天都盯着目标工作到深夜。调试软件的时候,测试才到一半就已经是凌晨了,但他不能放弃进度,于是秉承艰苦奋斗的精神通宵达旦完成了测试。而客户的网络出现严重问题的时候,他为了能够迅速定位故障并及时解决问题,也有过连续熬夜工作的经历。不仅公司的上级对他的工作表现极度满意,客户也时常称赞他体现了"以客户为中心"的华为精神。郭平也凭借工作成果很快得到了公司的重用,接连升职。

可见,深入理解企业文化并在实践中执行企业文化,是郭平能够在华为实现个人事业理想的重要原因之一。

当你高度认可企业文化,并相信自己的抱负和事业理想能够通过工作实现的时候，你才会愿意调动自己的工作积极性，并且最大限度地在工作中投入自己的精力。当你在实践中执行企业文化时，你对企业文化的理解也会加深，你对企业文化的认同感也会随之增强，你在企业中的学习能力和工作积极性也会随之提高，这时企业也会认可你，为你提供更好的发展机会。

2.2　主动交流和学习，快速融入集体

当我们进入职场之后，我们面临的第一个问题可能不是如何做好工作，而是如何与不同文化背景的同事共处，以便快速融入集体。因为只有当我们成为集体的一员，我们才能沉下心来做事。所以，当我们进入一个新环境时，一定要主动学习，并且保持积极的态度与人交往。

2.2.1　主动适应文化差异，尊重多样性

当个人价值观与企业价值观出现偏差的时候，要通过长期的工作实践深入理解企业文化的精髓，并逐渐适应企业的文化环境。当你感受到你与来自不同文化背景的同事之间存在价值观差异时，你不一定要理解对方的文化价值观，但一定要尊重对方的价值理念，主动适应这种文化差异，这样你与同事之间的相处才会和谐。团队成员之间做到了友好相处，那么每一个成员就都能在良好的工作氛围中取得优秀的工作成果。

华为公司全球业务全面铺开之后，吸收了世界各地的新鲜

血液，成了名副其实的多元文化企业。华为每次召开跨国全体例会，都会有30多个国家的面孔出现在一个会议室。

欧洲代表处的彭博作为团队的总指挥，深刻体会到了文化差异导致的工作困难。最初彭博管理团队的时候，就感受到了中西方员工在处理工作时存在巨大差异，他发现中方员工着重礼让文化，欧洲员工着重强势文化。两种文化互相不理解，导致它们在碰撞的过程中给双方都造成了巨大冲击，也使得中西方员工在工作时无法全心全意信任对方。

彭博认为只有尊重彼此的文化，才能理解对方的工作行为。为此，他总结了一个"3R原则"。他表示："第一是Recognize，要认识到你跟别人之间存在的文化差异，不要用自己做事的方式要求别人；第二是Respect，要尊重别人的文化；第三是Reaction，要用积极的态度和行动融入本地文化中去。"

也正是因为彭博提出了"3R原则"，中西方员工后来都能够尊重彼此的文化差异所导致的工作行为上的差异，并且在此基础上最大限度地给对方提供工作上的帮助，使得双方处于和谐的工作氛围之中。

试想，作为彭博团队的一员，在工作中认识到，只有尊重对方的文化价值观，才能尊重对方的工作方式，才能在双方工作交接出现问题的时候，耐心交流，互相帮助，共同完成团队的工作。所以，我们要在对个人价值理念有所保留的同时，尊重工作环境中其他成员的文化和价值理念。只有尊重文化的多样性，我们才能和其他同事和睦相处，为自己和他人营造和谐的工作环境。

2.2.2　增加文化交流，融入团队

当你能够尊重其他同事的价值观、尊重文化的多样性的时候，你便和你的同事共同组成了一个"集体"。为什么在职场环境中如此强调"集体"这个概念呢？如上文中提到的成就动机理论所述，人们普遍具有一种通过创造或探索取得成就的需要，当通过努力在某个方面取得成绩的时候，人们就能够感到精神上的满足，以此激发出更多动力去创造。

个人的力量终究是有限的，而集体的力量能够化解这种限制，也就是说，集体可以满足人们取得成就的需要。但在借助集体的力量成就个人之前，集体中的每一个成员先要增进文化交流，真正融入集体，使得集体产生凝聚效应。

职业管理理论

凝聚效应

美国社会心理学家沙赫特指出，凝聚效应是指集体对其成员存在一种吸引作用。沙赫特认为，只有在每个成员都对集体负责，主动承担集体义务，逐渐形成集体意识，产生集体责任感、荣誉感的时候，集体才真正具有凝聚力，才能产生凝聚效应。

此外，沙赫特指出，集体的凝聚效应越强，人们对于集体的归属感就越强。人们不仅能够通过集体获得满足感，同时还能更深入地认识到个人与集体的关系。

　　实际上，当集体中的每一个成员都能在文化精神层面相互交流，并在行为上产生交集时，集体就产生了凝聚效应。在凝聚效应的引导下，每一个成员都能够获得集体中其他成员的帮助和支持，在集体的帮助下取得更大的成就。更为重要的一点是，每一个人都能够感受到集体的温暖，从而不再将公司当成一个工作的场所，而是自己的"事业之家"。

　　赵佳是一个性格内敛的女孩。加入华为公司之后，她希望自己不再害羞、能够融入集体中，于是她主动找同事聊天。但是在沟通的过程中，她发现每个同事都有着不同的个性和文化背景，所以在与不同的同事说话的时候，她不知道如何调整沟通方式。害怕说错话的赵佳逐渐变得沉默，只顾着埋头工作，很少与同事交流。

　　没过多久，赵佳所在的部门有一个同事过生日，赵佳也被邀请去聚餐。大家边吃边聊，随着气氛越来越好，赵佳发现虽然大家的说话方式各有特色，但是彼此间总能找到共同的兴趣点。借着活跃的气氛，赵佳也融入了"餐桌交流"中，并且开始主动与同事们聊天。

　　这次聚餐之后，赵佳和部门的同事们逐渐熟络起来，即使彼此的文化价值观存在差异，但是完全不影响大家友好相处。赵佳也因此逐渐和大家成了好朋友，不仅在工作中互帮互助，在生活上赵佳也感受到了大家的热情。有一次赵佳开玩笑说："又月光了。"结果她的同事立马来了句："我借钱给你。"赵佳既觉得有点好笑又觉得有些感动。

　　当你和赵佳一样处于一个温馨的工作环境中，你的工作就增添了更多欢乐和感动，这也会给你带来更多精神层面的满足感和成就感。所以，当你进入一个新的工作环境中，要主动积极地参与集体的文化交流，增强和团队成员的互动。当你和团队成员凝成一个紧密的团体，才会营造出友好和谐的工作氛围，才会拥有高效率的工作状态。

2.3　在沟通和总结中传承价值观

作为企业的一员，我们应该主动成为企业文化传播的载体，承担起传播企业文化和价值观的责任，以此保证我们和其他同事都是朝着一个目标前进，减少不必要的摩擦和消耗。如何传承呢？任正非强调："就是不断沟通，不断总结，不断在实践中检验，再总结，再沟通！"

2.3.1　承担传播企业文化的责任

任正非一直在思考的一个问题是，如何使得华为成为百年企业。在华为这么多年的发展过程中，他认为华为前进的主要动力，以及促使万千华为人一同努力的源点就是企业的核心价值观。

实际上，在任何企业或集体中，只有所有成员都基于一个认识而朝着一个方向努力，才能共同完成集体的目标。而作为集体的一员，除了要能够深化对企业文化的理解，还要能够在与其他成员的沟通和互动中传递企业文化，深化彼此对共同价值理念的理解，这样才能在实现集体目标的基础上，实现个人的事业理想。

华为 V 国代表处副代表赵卫军在一次与 V 国本地同事 Heric（化名）聊天的时候被问到一个问题。Heric 说有三个 V 国本地客户经理找他谈薪酬的事情，这三名客户经理表示新来员工的工资比他们高，认为这是不合理的事情。Heric 表示有些头疼。赵卫军对于 Heric 不知如何处理此事感到非常吃惊，因为 Heric 已经在华为工作 9 年了，从普通客户经理做到了本地干部，他应该非常理解并认可华为的企业文化和核心价值观，应该非常"华为化"了，但是没想到他竟然因为一件很正常的事情而头疼。

赵卫军当即向 Heric 指出应当如何处理这件事，他表示依据华为公司的核心价值观就能够解决这个问题。赵卫军指出华为员工激励的原则是绩效导向，而且华为实行定岗定薪，不同的岗位可能级别不同，工资自然不同。

Heric 听完非常吃惊，他说："关于员工工资的事情，我第一次听到这么多的规定和信息。"也就是说，Heric 原本不清楚华为公司的这些原则。

这让赵卫军感到非常震惊，也让他意识到自己与本地同事谈工作的时候，仅仅谈到了具体的工作内容，却忽略了企业文化和价值观理念上的深度沟通。此后，赵卫军注重了与本地员工进行深入交流，承担起传播企业文化和核心价值观的责任。一段时间之后，Heric 一改过去的被动管理方式，变为主动管理。此外，Heric 还主动做起 V 国代表处其他本地员工的思想工作。

如果赵卫军没有及时意识到 Heric 未能理解华为的企业文化和价值观，从而发现他与 Heric 没有基于共同的价值理念在工作，那么之后他与 Heric 合作的过程中势必还会出现很多类似的问题，那样将不仅耽误时间、浪费精力，还影响工作成果。

如果你是赵卫军，你会怎么做呢？其实，如果我们能够主动承担起传播企业文化的责任，一开始就确定自己和同事是在共同遵循公司价值观的前提下一起工作，就能够避免类似的事情发生。

2.3.2 做"思想导师"，传承企业价值观

任正非曾经对所有华为人表示，他在华为其实就是在做思想上的管理，而真正能够理解华为文化的那部分人会成长得很快。什么意思呢？实际上任正非传递的是企业管理者选拔员工的理念，每个企业需要的都是能够认可企业文化、基于共同的价值理念为企业创造价值的员工。

所以，华为的干部备选人一般也要承担起"思想导师"的责任，不仅个人要承认企业的核心价值观，还要能够做类似任正非所做的思想管理工作，向更多的华为人传递企业的价值观。

方庆宇（化名）是华为的资深技术专家，在深入了解华为文化且高度认可华为的价值观之后，他认为自己有责任让更多刚接触华为文化的员工认同华为文化，于是他主动申请成为一名"思想导师"。

在方庆宇成为"思想导师"的第一年，他就参与了当年的引导培训，引导培训的对象是华为当年校园招聘结束之后拟录用的大学生。方庆宇需要提前与他们取得联系，并且在他们入职之前向他们介绍华为的工作环境和企业文化，并提前给他们普及一些

岗位知识，但最重要的是了解他们是否认可华为的价值观及工作模式，让他们提前做好走向工作岗位的心理准备和思想准备。

在这些拟录用的大学生正式入职后，方庆宇作为他们的"思想导师"，会围绕华为的企业文化对他们进行宣讲，向他们普及华为的价值观和一些规章制度，并且让每个新员工都学习任正非在创业之初写的《致新员工书》，观看《那山那狗那人》《英雄儿女》等影片。不管是《致新员工书》还是影片，都是紧紧围绕华为的文化展开的。

在新员工岗前实践的培训阶段，方庆宇会引导他们在一线的真实工作环境中深入了解华为的企业文化和价值观，并且让他们熟悉在企业文化基础上建立的工作流程和具体的工作模式。

结束"思想导师"的工作之后，方庆宇发现自己不仅能够很好地传承华为的企业文化、让新员工快速适应工作环境，而且在这个过程中也深化了对企业文化的理解，对自己的工作也更投入了。

任何企业在选拔干部的时候，势必都会考量员工是否认可企业的文化和价值观，并且会考察员工是否具有传承企业文化和价值观的能力，甚至有的企业还为此专门设置了类似"思想导师"的岗位。

当你有意愿在一个企业长期发展，并且想要成为这个企业的管理干部时，那么你就要主动承担起"思想导师"的责任，传承企业的文化和价值观。当你有能力引导更多的人认可企业的时候，也一定能够引导更多的人实现企业的目标，继而创造个人事业的价值。

第 3 章

加强自我培训，不断成长

华为公司不实行培养制，而实行选拔制。也就是说，华为人的学习进步是自己的责任，不是组织的责任。实际上，大多数企业能够为员工提供的只是实现个人价值的平台，而能否得到企业的重视并实现个人的事业理想，则取决于员工能否加强自我培训、不断成长、让自己永远有竞争力。

对职业成长的思考：

1. 如何完整地规划自己的学习地图和成长路径？

2. 你了解企业的赋能项目吗？对此有些什么建议呢？

3. 如何在工作中积极探索、不断改进自己的工作方式？

4. 华为的"一杯咖啡吸收宇宙的能量"对你有什么启发？

3.1 个人成长的责任在自己

华为明确向员工指出，在华为一定要树立一个基本观点，即个人成长的责任在个人，不在公司。华为公司能够为员工提供资源和环境，但是员工能否利用公司的平台好好学习，并且将学到的东西应用到工作中，还是要看个人的主动性，真正的进步需要依靠员工自己的努力去实现。

3.1.1 主动学习进步是自己的责任

很多人在公司工作一段时间之后会抱怨学不到东西，个人能力得不到锻炼，从而陷入消极的工作情绪当中。其实就像华为公司说的那样，在职场上，公司能够给予的是成长的平台，而能否真正提升个人的能力，要看个人是否能够高度自律，主动地去学习。

横山法则中也提到自发、主动的学习才是对个人最好、最有效的提升方法。

职业管理理论

横山法则

日本社会学家横山宁夫提出自发的才是最有效的，他认为强制性地控制一个人的行为，并不能使他做出正确的

行动，只有当一个人触发了内在的自发控制，才能最有效并持续不断地调动自己的积极性。也就是说，有自觉性才有积极性，无自觉性便无主动权。这种观点被称为"横山法则"。

这一点对于初涉职场的员工来说尤为重要。很多人刚从学校毕业，还习惯依赖老师的督促和提点来积累自己的专业知识和技能。但是在职场这个环境中，资源和机会是有限的，不再有直接将知识输送到你面前的老师，能否获得机会实现成长取决于你能否在工作中有好的表现，而好的工作成果则需要你主动积累工作技能来实现。

华为质量管理部的陈驰刚入职不久就被派往了巴西代表处，没有任何工作经验的他被领导安排出席流程质量周例会并做好相关记录，以便开展后续工作。

这也是陈驰第一次参加流程质量例会。他本以为凭借自己以往的专业知识，应该能够消化会议的全部内容，但是当他被业务术语包围的时候，才发现自己竟然有很多内容都听不懂，比如什么是"物料齐套"？什么是"出货清单"？什么是"五个一"？陈驰完全不知道会议上出现的这些名词的具体含义。

所以当会议结束后被领导问到记录情况的时候，陈驰什么有效信息都给不出。领导非常用力地拍了一下桌子，质问陈驰："你不要跟我说听不懂会议内容，你就告诉我要怎么做才能解决会议上提到的问题，我要的是可以落地的解决方案！不是你的借口！"

面对领导的质问，陈驰有些窘迫。作为一个职场新人，虽然没有相关的工作经验，但是推脱说不懂的确非常不专业。于是他开始查找资料，搜寻自己需要的专业知识，追着自己的导师刨根问底，并且把自己掌握的新知识全都记到笔记本上。不到两个月，陈驰就写完了两本厚厚的笔记本，对巴西的关键业务流程和"五个一"变革项目也有了一定的了解。

陈驰参加第二次流程质量例会的时候，不仅能够听懂全部会议内容，还能针对会议上提出的问题给出合理的建议，陈驰的领导也对他的工作能力赞不绝口。

实际上，你在工作过程中一定会遇到陈驰曾遇到的困难，但所有的领导一定也如他的领导一样，想要的是一个解决方案，而不是你说"我不会，我不懂"。你要做的就是主动学习，让自己在这个过程中得到成长，掌握解决问题的方式和方法。

3.1.2　加强自我培训才能有所超越

当二十几岁的我们走进职场的时候，常常会将自己的重心放在如何获得公司的资源、赢得晋升的机会上。但同一个岗位不断涌现新的员工，你也许能够依靠一时的能力优势获取眼前的机会，但从长远发展的角度来看，当你的能力被人超越时，你的职位也就有很大可能被别人替代。

一个人的职业生涯相当漫长，不必急于一时，要懂得调整自己的心态，重视自己的能力建设，加强自我培训，从而不断地超越自己。

35岁的Grygoriy（人名）毕业于名校金融系，但由于经济不景气，他只能当一名出租车司机来维持生计。直到2015年，由于一次偶然的机会，Grygoriy成了华为的一名专职司机，他的职业生涯出现了转机。

Grygoriy在华为每天的工作内容是接送工程师到各个站点进行巡查，随着对工程师这个岗位工作内容了解的加深，他对这个行业产生了浓厚的兴趣。于是Grygoriy在完成往返接送职责的同时，还默默跟在华为工程师的身后，协助他们完成工作，换取学习的机会。Grygoriy主动好学、热情助人，站点工程师们都愿意耐心地为他讲解相关知识，也因为Grygoriy重视加强自己在工程建筑方面的能力培训，很快就熟悉了站点的工作流程。

除了熟悉工作内容，Grygoriy还在闲暇时间自学了站点工程师的全部课程。最终在不断的学习过程中，Grygoriy掌握了成为一名工程师要具备的基本技能。

2016年，华为在当地的业务快速增长，对于人才的需求量大大提升，于是加大了年度招聘力度。Grygoriy就在这个关键时刻应聘了工程师岗位，并且在考核现场充分展示了自己在这方面的能力。招聘官发现Grygoriy对于站点流程、设备安装等项目事宜的熟悉程度远超在这个岗位上工作两年的老员工，Grygoriy顺利地成了一名初级工程师。而后Grygoriy不断加强学习，在工作中表现突出，接连担负重要职责，最终成了一名真正的站点工程师。

任正非在鼓励华为人加强自我培训，勇于超越别人、超越自己的时候说道："人生处处充满机会，充满希望，希望、机会掌握在你自己手上。只经过公司的培训，也就只能成为一般的人才，只有自我培训才能有所超越。"

正如任正非所说，只有当一个人真正重视自我培训的时候，才能在职业发展中有所超越。当你开始工作后，你会发现工作所需的很多能力并非来自公司提供的集体培训。这时我们要结合个人情况，搜集个人能力建设所需的内容，有针对性地提升自己。想要真正成为一名职场精英，你就要加强自我培训，只有自我培训才能实现超越。

3.2　想要成长，必须坚持学习

不管你在哪一个企业工作，学习成长的机会都无处不在。但是能不能抓住学习的机会，锻炼自己的能力，让自己成长起来，完全取决于你有没有坚持学习的决心和毅力。

3.2.1　坚持学习是成长的基本要素

大部分的员工在工作3～5年之后就会陷入职业瓶颈期。造成这种现象的很大一部分原因在于员工长时间地从事一项工作，习惯于借助以往的工作经验处理手头的工作。而长期以一种轻松的状态应付工作，不通过学习找到更好的工作方法以求尽善尽美，个人能力就无法提升，职业发展也会受到限制，就会陷入所谓的"跳蚤效应"。

职业管理理论

跳蚤效应

　　曾有生物学家做过一个跳蚤生物实验。他观察到普通跳蚤能够从地面上跳起一米多高，但是当他在一米高的地方放上盖子，这时跳蚤跳起来会撞到盖子，并且反复撞到许多次。时间久了，生物学家拿掉了盖子，这时虽然跳蚤还在继续跳，但已经跳不过一米的高度了。

　　跳蚤效应就是指跳蚤因为适应了一米高的环境，调节了自己跳起的高度，不再改变，在心里默认了这个高度，久而久之就受到这个高度的限制，不能再有突破了。

　　实际上，人也一样。当你在职场上熟悉了工作环境，认为完成自己的工作只用"跳"到"一米"的高度，从而放弃向上努力，那么很有可能你的事业的高度也就被你限定在"一米"的高度了。

　　所以，你要明确的一点是，不管当下的工作环境多么舒适，工作多么得心应手，都不能放弃学习，放弃对更高更远目标的追求，要通过不断地"跳跃"超越自己。

　　当华为的账务专家徐平被问到是如何从一名普通员工成长为七级专家的时候，他表示华为的确提供了一个很好的工作环境和机会平台。但是要真正实现个人的成长，还得靠自己不断努力、不断学习。

徐平说道："我特别强调'学'。我们要多向外看，一方面跟进行业标准，一方面研究业界最佳实践，在此基础上才能进行深入的专业思考。我们做什么事都要有些激情，工作和娱乐一样，有激情才会想着去钻研、学习、提高。"

任何公司想要生存都需要不断向前发展。伴随着公司的发展，公司内部岗位的工作内容及能力需求也会随之变化。所以，不管你是否处于职业瓶颈期，只有坚持与时俱进地学习，才能不断成长，适应公司的发展需要，从而发展自己的事业。所以，对于每一个职场奋斗者来说，一定要意识到坚持学习是成长的基本要素，也是取得成就的关键。

为了推进自主学习，华为还建立了员工自主学习门户，这是一个共享的、开放的平台，所有的华为人都可以在这个平台上完成自我学习、自我认证等课程。这个系统主要由四大部分组成。

第一部分，学习需求管理模块。这一模块主要参照任职资格做各种学习需求牵引。

第二部分，学习解决方案模块。这一模块为大家提供相关的课程信息和师资信息。

第三部分，学习实施模块。这一模块包括培训管理系统、Mooc（大型开放式网络课程）系统等。

第四部分，学习评估模块。这一模块提供各种测试，以验证学习效果，记录学习成绩。

华为新人从参加大队训练营开始，就要不断地投入学习中，做好所在岗位的"应知"和"应会"，然后将知识转化为能力。

正式上岗后，华为人的成长还分为5级成长阶梯，其中又有不同的赋能项目和学习要求。每一位华为人可以按照任职资格，对应自己的成长需求参与公司的学习成长项目。

3.2.2 要让自己永远有竞争力，就要不断学习

华为高管陈黎芳曾对员工强调：唯有不断学习，才能保持自己在事业领域的竞争力，才能有更多选择的余地。她说："财富、智慧、健康，或许都不是人生唯一的意义，我们努力是为了自己有可以选择的能力。"

在职场上也会有很多人问到，为什么做的都是一样的工作，有的人就能够做得特别出色，能够把握工作的主动权，决定要不要接受别人的工作邀请，而有的人只能被选择呢？实际上，先天在某个领域有优势有天赋的人只是少数，真正决定你是否具备职场竞争力的，是你能否督促自己坚持学习。

在众多主持人被观众喊话"要多读书"的时候，中央电视台的主持人董卿仿佛是一股"清流"。不管是13年来始终在春晚上落落大方的董卿，还是在《中国诗词大会》上知书达理的董卿，她在观众的心里一直是主持界标杆式的存在。

董卿说自己最喜欢的一句话是作家亚瑟·查理斯·克拉克的墓志铭：我永远都没有长大，但我永远都没有停止生长。而她也正如这句话所说的那样，从未停止过成长。在这样一个信息爆炸的时代，董卿作为全国知名的女主持人，几乎不用任何电子产品，而是每天坚持阅读，并且坚持学习更多知识。正是因为董卿

坚持学习，她才能成长为临危不乱、将节目突发情况完美解决的"救场王"。

就是这样优秀的一名主持人，却决定暂别中国大多数主持人都想登上的春晚舞台。董卿缺席了2018年的央视春晚，在很多观众感到怅然若失的时候，董卿却表示没有什么好遗憾的，她称自己还有很多需要学习的东西，还要继续成长。带着这样的决心，2018年，董卿决定去美国学习，等成为更好的自己之后，重回央视舞台。

要让自己保持竞争力，没有别的捷径可走，就是要坚持学习。通过不断学习，拉长你在工作领域的长板，弥补工作中的短板。就像董卿一样，似乎是做到她所在领域的巅峰了，但依然坚持继续提升自己，保持自己在工作领域的绝对竞争力。

华为高级管理顾问田涛教授说到现在的年轻人时，对大家不爱读书、只爱玩手机的现象痛心疾首。他在一次坐高铁时，特意从一号车厢走到了最末端，看看还有多少人在看书。很遗憾，一节车厢里，能有一两个人在看书就不错了，其他人都在看手机。正如田教授所说："现在的年轻人，你拿什么超越我们呢？我现在一周至少要看两本书，一辈子阅读过的书籍有几千册。孩子们，你们拿什么超越我？"

对于这些职场前辈的话，我们要听进心里，加以反思，用于自我建设。我们应该明白，一个人要想持续进步，要想超越前人，唯有静下心来，抵御诱惑，学会认认真真地读书学习。

3.3　投入一线实战，快速提升能力

任正非曾多次表示，学习不能流于形式，员工的工作实践不能浅尝辄止，有志于在公司长期发展的员工要主动投身一线实践，在实战中学习，提升个人能力，以便更好地适应岗位。

3.3.1　在工作中培养自己的能力

华为需要的是活学活用、将课本中的理论与个人的实践经历相结合、灵活解决问题的人才。

每个公司在变革的过程中，业务规则、工作流程等都会发生变化，对于那些在各个岗位工作的员工来说，仅仅基于早期习得的书本理论知识的工作效果一定是不尽如人意的。要想跟上公司的步伐，就要能够主动参与一线实践，亲身体会，并结合自己掌握的理论知识指导实践工作，以便不断地发现自己的问题，总结出有效的工作方法，培养自己的能力。

李楠（化名）入职华为后一直在办公室工作，原以为熟悉工作流程之后就能处理好所有的工作事宜，前期也的确如此，但随着李楠接触的工作内容越来越复杂，他渐渐感到有些吃力，他发现自己的实际操作能力欠缺，无法独自解决工作中出现的实际问题。

就在李楠苦于无法培养执行能力的时候，华为公司在尼日利亚的通信业务蓬勃发展，对业务支撑人员的需求扩大，急需

员工去海外一线拓展业务，李楠得知后马上申请了这次外派任务。

进入项目组之后，李楠主动争取了督导一职，每天都跟着华为的工程师们奔赴现场，并且多次跟着老员工一起上站观察站点情况。为了能够增强自己的实操能力，李楠还跟着现场的员工一起排查现场故障。某次李楠查看网络终端的时候发现有告警，怀疑配置错误，但是检查并确认配置正确之后，问题还是没有解决。李楠根据现场状况判断，可能是机房出现了故障，但是因为缺乏信心，就一直踟蹰不前。李楠把情况反映给现场工程师之后，工程师让李楠按自己的想法去解决实际问题。在工程师的支持下，李楠在机房排除了故障，解决了现场的问题。

实际上，很多企业因为规模庞大，不可能为每一个员工量身定制一份培养方案，很多工作上的问题需要员工自己累积经验、提升能力去解决。所以，当你也遇到李楠工作前期遇到的工作吃力的问题时，一定要明白，工作上的问题，只有自己亲自解决，才能提升自己解决问题的能力。

华为成功的背后，正是一群小人物创造出的大局面。来自贵州山沟里的任正非，也不是一开始就是伟大的人物的。当年任正非的梦想是什么呢？每天有馒头吃。伟大不是一开始就存在的，伟大是在实践中日益培育的。我们要在工作中培养这种伟大的"基因"，渐进式地成全自己的职业梦想。

3.3.2　专家是在实践中打磨出来的

罗马不是一天建成的，你的职业理想也不可能一两天就实现，必要的实践经验和时间的打磨才是你提升能力、成长为某个领域的佼佼者的唯一途径。

李一凡（化名）是华为无线技术支持部的一员，他工作的第一年就被公司派往一线从事新产品的技术支持工作，他在这个岗位上坚守了多年。

最初，李一凡每天的工作都非常简单，无非是现场开局、现场支持、远程支持问题处理等工作。但是随着他的工作经验和工作技巧的累积，一年之后他就进入华为的一个重要项目，成了中国移动目标网全网升级项目的技术人员。当时李一凡负责组织全网项目实施及远程支持工作。由于工作任务很多，他一个月几乎有二十天都在公司过夜。就是在这样日复一日的努力和磨炼中，李一凡在接下来的两年时间内，完成了现场四十多个重大工程项目的割接工作，积累了扎实的专业知识和一线工作经验。

入职的前四年，李一凡担任过无线产品二线技术支持工程师、国内产品责任人等职位。到了第五年，由于能力突出、专业过硬，李一凡被调入北京分部，成了移动软交换长途汇接项目的技术总负责人。在长时间的一线实践中，李一凡从华为的一名普通的一线技术员成长为骨干专家。

对于每一个有志于在行业领域获得成就的人而言，要认识到能力建设是通过实践实现的这个关键问题。只有通过实践，你才能意识到工作中种种问题的根源。这些实际问题也会激发你去探索有效的解决方案，并且促使你找到更好的工作方式。

尤其是在面对未知的领域时，大家都没有可以借鉴和参考的经验，只能不断地在实践中进行探索，使自己得到更快的成长。所以，要想成为专家，你就要勇敢地到一线实战中去提升自己的能力。

3.4　以开放的心态吸收宇宙能量

任正非曾提出，很多事业上伟大的人，每天都在和别人喝咖啡、吃饭。为什么这样也能成就自己的事业呢？任正非强调这里的"喝咖啡""吃饭"并非只是简单的饮食，而是通过沟通，与更多世界级人才产生思想碰撞，并看到对方的优势，积极向对方学习，从而实现自己的成长。

3.4.1　重视向别人学习，取长补短

任正非说，做人要积极吸取别人的优点，在同事指出自己缺点的时候也应以积极的心态去对待。因为只有发现自己的不足，并且找到成长的方向，你才能够将时间用在自我进步上，才能更好更快取得成绩，而很多卓有成就的人就是通过这种取长补短的方式获得成功的，这种方式也被称为"共生效应"。

—— 职业管理理论 ——

共生效应

1879 年，德国真菌学家德贝里首先提出了"共生"的概念，他发现自然界有这样一种现象：当一株植物单独生长时，显得矮小、单调，而与众多同类植物一起生长时，则根深叶茂、生机盎然。人们把植物界中这种相互影响、相互促进的现象称为"共生效应"。

随着研究的深入，共生效应的理论研究已逐渐由生物学领域渗入和延伸到社会学、管理学等许多领域，并已初见成效。英国卡迪文实验室从 1901 年至 1982 年先后出现了 25 位诺贝尔奖获得者，便是共生效应的一个杰出典型。

由共生效应的影响可以看出，在一个高手云集的环境中，人才之间的交流和互补互助能够极大促进这个集体中的人才的能力提升。所以，当你处于一个优秀的工作团队的时候，应该重视向别人学习，取长补短，成就自己。

汉庭快捷酒店的创始人是由一群意气相投、志同道合的朋友组成的团队，这个团队中有的人十分了解风险投资，有的人擅长企业管理，有的人很了解市场营销。这个创始团队的成员非常关注彼此间能力的互补关系，懂得取长补短，由此打造出了一个强有力的团队，成就了汉庭，这个创始团队的每一个成员也因此实现了自己的事业理想。

任正非强调，在工作环境中每个人都必须开放自己，吸取他人的经验，弥补自己的不足，让自己更加优秀。正如他所说，你要能够以开放的心态去吸收更多能量，与你的工作伙伴互相帮助，以取长补短的方式互相成就。

3.4.2　开放学习，与世界级人才碰撞

华为上下都在说"一杯咖啡吸收宇宙能量"，什么意思呢？在任正非看来，对于很多有远大志向的高级人才而言，公司的圈子还太小。如果仅仅局限在公司范围内，长期只和同事、上下级打交道，很多人的思想和认知容易受限，能力拓展也会因此受限，从而影响职业发展。所以他提出要敢于开放自己，与世界级人才一起喝喝咖啡，交流交流，拓展自己的思维，帮助自己成长。

华为产品开发部门的陈宇恒（化名）为了解决新产品的散热能力问题苦恼了很长一段时间。当时陈宇恒负责的产品采用的是无风扇自然散热技术，而且散热能力经过反复优化已逼近极限，但是无线产品部却提出要在此基础上再次提升散热能力。

工作一直没有进展的陈宇恒几次产生了放弃的念头，直到他的主管让他引入"外脑"的力量，他才想到之前联系过的上海交通大学的"怪才"夏老师。

陈宇恒带着问题找到了夏老师，一开始对方并没有给出建议，而是和陈宇恒多次沟通，了解项目的所有环节和操作细节。虽然一直没有找到最佳的解决方案，但在这个过程中陈宇恒学会

了从不同的角度去思考同一个问题。

直到某天，陈宇恒陪着夏老师一起在华为上海研究所的湖边散步，途中夏老师弯腰从地上捡起来一片水杉树叶，并笑道："这片叶子，说不定能解决你们的难题。"

很快，陈宇恒就将自己的想法落实到产品开发阶段，根据夏老师提出的类似植物叶片主脉和支脉的关系，研发出了仿生散热器。

任正非反对员工埋头苦干，提出员工要多参与业界的国际会议，与世界级人才交谈，敢于与世界级专家喝咖啡，多吸收他们的能量。

的确，任何一个公司能够给你提供的成长平台总是有局限性的，想要有突破性的成长，需要你主动打开自己，更为开放地与世界上的优秀人才进行思想交流，从他们那里得到启发，让自己快速迈向事业上的新台阶。

第 4 章

从最基础的岗位扎实做起

任正非说："每个员工都要把精力用到本职工作上，只有本职工作做好了，才能有更大的成长空间。"随着时代的变化，我们在职场上获得的机会越来越多，但是要想在某个领域成就一番事业，就要抛弃速成的幻想，脚踏实地，从基础岗位做起，以务实专注的态度对待工作。

对职业成长的思考：

1. 如何培养对事业的热爱，做到"干一行、爱一行、专一行"？

2. 在能力不足以支撑理想的时候，我们应该如何提升自己？

3. 如何在"微不足道"的工作上提升能力，实现自我成长？

4.1　踏实做好本职工作，积累经验

进入职场，很多人都能够在一段时间的学习之后掌握工作的基本技巧，但是从"能做"到"精通"还有很长的一段路。如果你想要提高自己的工作效率和工作待遇，就要将自己的精力集中在本职工作上，通过长时间的踏实工作来实现工作质量"质"的改变。

4.1.1　从基层做起，拒绝空洞的理想

现在的年轻人都非常有才华，但很多年轻人不仅没有施展自己的才华、实现最初的理想，还浪费了宝贵的时间和机会。这是因为他们对于职业发展过于理想化，不愿意从事基层工作。

为此，任正非在华为的《致新员工书》中号召所有的员工拒绝空洞的理想，踏踏实实从基层做起："世上有许多'欲速则不达'的案例，希望您丢掉速成的幻想，学习日本人踏踏实实、德国人一丝不苟的敬业精神。"

李雅平加入华为之后就被安排到慧通公司的财务部工作，当时他非常不服气，因为同一批入职的同事都在总公司工作，只有他一个人被调去子公司。他也曾找主管沟通，但是对方称子公司也属于华为集团，所有人都要按照公司安排从基层做起。

李雅平为了能够尽快从子公司回归总公司，决定沉下心来踏实工作。虽然没有相关的工作经验，一开始Excel、PPT都用不

好，但是他利用公司提供的学习环境，很快在相关的应用中找到了Excel、PPT操作说明，在业余时间主动学习这些基本功。

此外，李雅平还会跟着部门的老员工学习核算，并且主动承担一部分财务处理的工作。最初的时候，他几乎每天都要工作到深夜，就为了能够尽快掌握工作技巧。很快，李雅平就熟悉了业务情况，能够独立地处理相关的工作内容，并且代表财务部与其他业务部门频繁交流。在几年的时间内，李雅平已经可以独自完成预算模板设计、后期经营类KPI（关键绩效指标）的设置等预算工作了。

李雅平在慧通公司、地区部、机关等部门的基层岗位都有过工作经历，每一次他都全身心投入工作中，从不抱怨，从不懈怠，终于在进入华为公司的第八年成了华为的一名管理者。

你也许对未来有非常大的期许，也有非常宏大的事业理想，但无数的案例证实了罗马不是一天建成的，所有伟大的事业都是从一点一滴开始积累的。

职业管理理论

大树理论

绝对没有一棵大树是树苗种下去马上就变成大树的，一定是岁月刻画着年轮，一圈圈往外长，大树今日的枝繁叶茂绝非仅是昨日的所为；绝对没有一棵大树，第一年种在这里，第二年种在那里，就可成为一棵大树，一定是千百年来，经风霜，历风雨，屹立不动。

所以，我们所期待的成功也不是一朝一夕的事情，只有随着时间的流逝，不断地积累自身的经验，超越别人，超越自己，才能离成功越来越近。

就如大树理论中揭示的那样，工作要避免空想，基层工作中的每一件事情对于你而言都是一个学习和提高的机会，当你成长到一定的阶段，只需要一个机会就能很快实现你的宏大愿景，正如任正非所说："机遇偏爱踏踏实实的工作者。"

4.1.2　工作要踏踏实实，循序渐进

女子100米短跑世界纪录的保持者乔伊娜面对采访的时候曾经表示，要赢得比赛，她必须在10秒左右的时间内跑完赛道上的100米，所以，她将这10秒钟切分为一百等份来计算，为每一个0.1秒付出无数的汗水和时间，只为最后的冲刺。

我们的职业生涯何尝不是如此。当我们有一个远大的目标时，我们只能将眼前到终点之间的距离划分为一个个的"0.1秒"，只有将每一个"0.1秒"完成好，我们才能踏实地跑向终点。

潘博坤的职业理想是成为一名技术专家，进入华为之后却被分配到一个看似没有技术含量的岗位——无线基站天线岗位，他

在这个岗位的工作就是焊接天线。

潘博坤起初打不起精神工作，但不久之后他了解到华为的技术专家都是这样一步一步从基础技术员工成长为顶级专家的，便开始认真对待工作。端正态度之后，潘博坤发现只有认真投入，才能体会到自己所做工作的精妙之处。实际上天线焊接对于技术人员的焊接水平要求非常高，每根天线需要上百次的焊接才能送检。

为了能够掌握焊接技术，潘博坤将全部精力都放在学习焊接工作上，只要同事有空暇时间，他就追着问、追着学，并且在业余时间反复练习操作步骤，而他也在反反复复几百次的操练后掌握了焊接诀窍。不仅如此，潘博坤踏踏实实做了大量操作工作之后，还探索出一些属于自己的独特焊接手法。不到一年的时间，潘博坤就做出了问题最少的天线。在华为踏实工作几年之后，他也实现了自己成为技术专家的事业理想。

潘博坤之所以能够做好工作，实现自己的目标，并不是因为他天赋过人，也不是因为他专业知识过硬，而是因为他踏实肯干，循序渐进，慢慢熟练。

所以，在你刚刚踏入职场的时候，一定要遵循循序渐进的原则，认真对待手中的每一项工作，走好职业生涯的每一步。

4.1.3 在平凡的工作中提升能力

华为的前董事长孙亚芳曾提出，新一代华为人成长的普遍问题就是志向比较远大，在能力还难以支撑自己的理想的时候，不愿意去基层累积经验、在一件一件的小事中提升自己的能力、让自己的能力撑得起自己的野心。

事实上，这也是当代年轻人职业发展过程中最常出现的问题。当自己的能力无法支撑自己的野心的时候，如何去提升自己？能力建设没有捷径可走，只有从小事做起，做个平常人，做好自己的本职工作，你才能提升自己的能力、收获成长。

阮旭明是华为的运维管理五级专家，优秀的事业成果背后是他在维护业务岗位13年的坚守。

作为一名网络维护人员，阮旭明在过去的十几年里处理了数万起网上故障。虽然很多故障都能依据他的工作经验快速解决，但是他在维护工作的间隙会考虑更快更好的故障排除方案。在这种一点一滴的累积中，他的技术水平有了飞速的提升。

阮旭明长期从事的一线重大网络维护工作相较于华为的研发工作看似很平凡，但是他在平凡岗位上十几年的努力，造就了他过硬的本领。能力超群的他不仅成了行业专家，也获得了华为"GTS全球专业技术领军人物奖"。

不管你做的是什么工作，最初的事业起步期都是累积经验、提升能力的宝贵时期。在这个阶段，你不能急于求成、希望在短时间内实现终极目标，而要像阮旭明一样踏踏实实地在平凡的工作中提升自己，让自己有能力迈向新的台阶。

4.2　干一行、爱一行、专一行

古训："欲多则心散，心散则志衰，志衰则思不达。"也就是说，当一个人不能专注的时候，就会心神涣散，意志消沉，无法凝聚起精力去完成自己的目标。

对于职场人士而言也是如此，要想在自己的工作领域做出成绩，就要干一行、爱一行、专一行，在很小的领域里甘于寂寞、刻苦钻研，培养自己的核心竞争力。

4.2.1　热爱自己从事的工作，才能全身心投入

很多人从事的工作并不是本人所熟知或擅长的领域，如果带着不情愿和不甘的心情去面对每一天的工作，工作就变成了一种折磨。所以，要学会转换自己的思维，去热爱自己从事的工作，当你真正热爱自己的工作的时候，你才会发现工作的乐趣，并全身心投入到工作中去。

华为的软件开发专家贺炜曾在华为内部访谈活动中被问到如何看待自己的"编码生涯"，贺炜笑称自己非常开心能够从事软件开发工作。当时主持人就笑了，因为大多数写代码的人对于编码工作并不热爱，从事这个工作是因为丰厚的报酬。

对于主持人的质疑，贺炜表示自己也有过迟疑的阶段，最初他选择从事软件开发工作的确是因为理想的薪酬。在职业初期开发光网络的网管产品时，贺炜常常需要熬夜写程序，这导致他

有一段时间非常焦躁，认为这种职业不是他所期望的。直到常用C++语言写代码的他某一次尝试用Java语言写代码，他很快就解决了原本的漏洞，满足感和成就感油然而生。于是，他逐渐发现产品开发有非常多的可能性，是一个非常有意思的工作。

在那之后，贺炜变得对工作非常投入，有时候为了写一个并不着急的程序，他都会不知不觉熬一个通宵。这种全身心投入的工作状态也使得他在软件开发领域做出了很多成绩，华为多个产品的开发与设计都是由他完成的，而他也因为出色的工作能力，成长为中软架构设计六级专家。

任正非曾表示，每一位员工都要培养对工作的热爱，他说："做工作是一种热爱，是一种献身的驱动，是一种机遇和挑战，多么难得，应该珍惜它。"

正如他所说，我们只有热爱工作，才能够像贺炜那样不辞辛劳，没有怨言，不把困难当困难，埋头工作。因为当你一心一意工作的时候，就会感觉自己产生了工作的动力，从而做出成果，而收获的喜悦往往能让你更加热爱自己的工作，这样就会形成一种良性循环。

4.2.2 保持耐心，端正工作态度

对于现代职场的人们来说，除了"干一行、爱一行"，更为重要的一点是能够"专一行"。现在处于一个高速发展的时期，职场人士面对的机会越来越多，而对待自己职业的专注度却越来越低，这也是很多年轻人不能在职业领域有所突破的原因。

对于心浮气躁、对工作失去耐心的员工，任正非建议：万不可这山望着那山高，结果哪座山也爬不上，最后被公司淘汰了。

有一次，任正非走进华为的一个实验室，他看到一名员工，就很随意地跟他聊起来。任正非问道："老产品的不断优化和新产品的开发，你更喜欢哪一行？"这名员工回答："我当然喜欢新东西越多越好，将来离开华为后，还好就业。"

任正非感到非常气愤，但他生气的原因并非这名员工说要离开华为，而是这名员工对待工作的态度。他过于追求新事物，对本职工作毫无耐心，长此以往他所做的都只会是皮毛工作，不可能在工作领域有重点突破。

最后，任正非举出微软公司的例子。他告诉这名员工，在华为工作，就相当于在给一条铁轨上的一段枕木钉道钉，而到了微软，普通员工甚至连钉道钉的工作机会都没有。他说，微软分工更细，还得做频带更窄、更细的工作，简直就是0、1、0、1、0、1地累加下去，这样的工作会更加无聊，如果没有耐心，根本无法从事这么专业的工作。

正如任正非指出的，想要更好的工作平台和工作机会无可厚非，但是前提是你有能力做好自己工作领域的事情，有了过硬的本事，你才能真正掌握话语权。而你的能力就是在日常工作中保持专注、一点一滴积累起来的。只有全身心地投入、潜心钻研，才会成就自己。

所以，每个人都要意识到，只有长期不懈地把自己每一天的工作做好，才能从量变到质变，最终成为工作领域的佼佼者。在此之前，我们必须保持耐心，端正自己的工作态度，专注于自己的工作。

4.2.3　专注于眼前的工作，在一个点上实现突破

任正非非常推崇日本的工匠精神，他认为一个人只有秉承着工匠精神专注于一个点，并在这一点上做到极致，才能成为真正的专家，而每一个企业需要的正是能够为公司创造出其他人都创造不出来的极致产品的专家。

所以，我们都要有成为专家的决心，提高自己的职场竞争力。为此，我们一定要专注于眼下的工作，争取在一个点上实现突破，做出实实在在的成绩。

华为的制造部门一直以来都追求业务简化和生产效率提升。但是由于手机的加工过程对于精细化管理的要求很高，很多精益专家都表示要像绣花一样做手机生产，这样一来生产的成本就会过高。

华为制造部的技术达人王君深耕在岗位上，专注于从手机生产的每一道工序中观测到改善机会点。王君先将手机生产的每一个环节都记录下来，并通过专业处理将整个录像的播放速度调整为一帧一帧的慢速循环，非常专注地观察生产过程中的取放、调整、移动等环节。多次观看手机生产过程中的伸手、抓握、放下等零点几秒的细微动作之后，王君终于找到了改善机会点。

王君发现手机组装安装同轴线的作业时间是35.92秒，与全流程统一生产节拍相差7.11秒，这也就意味着每移动一帧画面，

他就要按一下电脑左键，也就是说，按照每帧0.03秒计算，他需要不间断地点击电脑1197次，中间不能出现任何差错。此外，王君还要将每一次的作业状况记录在Excel表上。王君需要全神贯注地分析每一个很细微的动作，常常一个工序的录像分析下来，他就头昏眼花、脖子酸痛了。

但也是在王君的耐心专注之下，他找到了手机生产过程中的300多个改善机会点，比如移动取料浪费0.64秒，重复扔离型纸浪费0.12秒，弯腰放空托盘浪费0.40秒……将所有的时间浪费处理好之后，作业时间预计可从35.92秒降低至27.30秒，而这一飞跃性的改善使得华为大大降低了生产成本，提升了效益。

王君在工作上有所突破，是因为他能够始终如一地专注于工作的每一个环节和每一个细微动作，这也是他能够取得常人不能取得的工作成就的原因。

所以，我们都要像王君一样树立对工作执着，对所做的事情保持专注，对生产的产品精益求精、精雕细琢的精神。只有这样，才能集中自己的力量于一点，在自己的工作领域有所突破。

4.3　简单的事也能成就不简单的人生

海尔集团总裁张瑞敏曾说过这样一句话："什么叫做不简单？能够把简单的事情做好，就是不简单。什么叫做不平凡？大家公认的、非常平凡的事情，非常认真地做好，就是不平凡。"

4.3.1　微不足道的工作也有它的价值

在工作之初一定要有一个理念，就是任何职业都是有价值的。不管你从事的是什么职业，重要的不是别人对你工作的评价，而是你能否尽自己所能，把别人眼里微不足道的工作做到极致，成就自己不简单的事业。

华为发行科是一个"不起眼"的部门，即使是在基地工作多年的华为老员工都不一定知道这个部门的存在，而陈敏就是这个部门的一员。华为每年都有近十万箱的各类资料需要整理，也就是说每一天发行科的员工要整理近三百箱、五六吨重的资料，而发行科总共只有四名员工。

陈敏每天都在做打包、称重、上车、交接的循环往复的工作，除了要做非常重的体力活，陈敏还要处理好订单物流的跟踪、异常处理、丢件处理、运费结算等工作，几乎都没有时间喝水，上洗手间还要和自己的同事知会一声。在其他部门都纷纷下班离开公司的时候，陈敏依然和同事坚守在岗位上，直到所有的运输车辆都离开。处理完当天的货物信息，陈敏才结束一天的忙碌。

很多人都说这种简单的体力活没有技术含量也没有多重要，陈敏也曾经有过这样的想法。但是随着华为业务的不断增长，资料数量也随之增长，陈敏需要整理越来越多的材料，寄给华为的重要客户和合作伙伴。除此之外，华为内部的每一名员工手里的华为人纸袋和《管理优化》《华为技术》等刊物都是由陈敏打包派发出去的。陈敏越来越感受到自己虽然做着看似微不足道的工作，但实际上承担起了维系客户、传递公司的企业文化和价值观的重要职责，陈敏也在这种简单却充实的工作中体会到自己工作的价值，于是他越发认真对待自己的工作，即使忙碌也会抽时间和同事讨论如何提高工作效率和工作质量，最终以实实在在的工作成绩赢得了公司的认可和奖励。

很多员工都曾遇到过陈敏遇到的困惑，认为自己只是一个简单的操作员，可能也曾感到委屈，觉得自己的工作没有那么高大上，也希望被理解和尊重。

但实际上，在任何一个完整的工作流程中，所有人的工作都是其中的一个环节，缺一不可。每一项工作的完成都离不开员工的细小努力，所以，我们要意识到自身在整个流程中的价值，不要妄自菲薄，而是踏踏实实地做好自己应该做的事情。

4.3.2　把简单的事做出不简单的结果

任正非在公共关系年会上说："'假大空'成不了世界第一，世界第一就是从一件件小事积累起来的。"确实，工作能力的提升是一个持续的过程，对于职场上的每一个人而言，想要成为工作领域的第一名，需要几年甚至几十年的努力和坚持。

职业管理理论

一万小时定律

英国作家格拉德威尔在他的《异类》一书中指出："人们眼中的天才之所以卓越非凡，并非天资超人一等，而是付出了持续不断的努力。一万小时的锤炼是任何人从平凡变成世界级大师的必要条件。"他将此称为"一万小时定律"。

一万小时定律是指任何人想要在某个领域取得一定的成就，一万小时的练习是最低限。

根据一万小时定律，一个人要想成为某个领域的专家，至少需要在这个领域投入一万小时。也就是说，按照正常的工作时间计算，我们都需要花费至少五年的时间才能成就一番事业，而在成功之前，我们都要坚持把手上那些看似简单的事情做好。

天涯论坛曾有一个"当年明月事件"，随着《明朝的那些事儿——历史应该可以写得好看》这个帖子的横空出世，天涯论坛掀起了一场滔天巨浪，影响一直延续至今。

事件的主角就是被大众热追的《明朝那些事儿》的作者当年明月，而他本人也因为这部畅销史学读本一跃成为"2011年第六届中国作家富豪榜"中的一员，当年的版税收入就高达575万元。

而这些辉煌正是当年明月多年的积累造就的，当年明月5岁就开始读历史，11岁的他已经将《上下五千年》翻阅7遍之多，11岁之后更是熟读了《二十四史》《资治通鉴》《明实录》《清实录》《明史纪事本末》《明通鉴》《明汇典》《纲目三编》等史料。在十几年的时间内，当年明月读了约6000万字的史料，而他这十几年来每天坚持阅读学习2小时，粗略算来约10 000小时，这也是他能够写出广受欢迎的作品的主要原因。

有很多人非常羡慕当年明月能够有一部销量惊人的作品，收获千万元版税，但当我们看到他的非凡成就的时候，有没有想过，实际上他和我们一样都是普通人，做的也是平凡简单的工作，而他之所以能够把简单的事情做出不简单的结果，是因为他有着常人没有的耐心和毅力，最后水滴石穿、取得成功。

所以，我们要踏实前行，苦熬"一万小时"，做好每一件平凡简单的事情，把简单的事情做出不简单的结果。

4.3.3　只有甘做小事，才能成功

很多人进入公司之后都想大展拳脚，成就一番事业，但往往眼高手低，不愿意从基层做起、从最基础的工作做起。尤其是随着受教育程度的提高，很多人都觉得自己能够担任更重要的职位，完全不考虑经验和能力的累积，到最后既没能做好工作，个人能力也没有得到提升。

实际上，我们都要明确一点，那就是塑造自我的关键是做小事。只有做好每一件小事，才能取得一次又一次的小成就。在这个过程中，不仅夯实了事业的基础，还做好了工作能力建设，而这些小成就终归会累积成为事业上的大成就。

袁华浩博士毕业后成了华为的一员，但让他始料未及的是华为公司竟然安排他从事电磁元件的工作。袁华浩当时心有不甘，认为自己作为电力电子专业的博士就该担当重任，承担大型项

目，而公司竟然安排他做电磁元件这种"小事"。

虽然心有不甘，袁华浩也只能服从公司的安排。但正式工作之后他发现自己作为一个电力电子专业的博士竟然无法排除电路板的故障，而从事电磁元件工作几年的同事很快就解决了问题。袁华浩心里不好受的同时决定以后要全身心投入到工作之中。

在袁华浩深入生产、研发一线之后，他在电磁元件的工作上取得了优秀的业绩。工作多年，袁华浩多次申请到专利，不断研发出更优质的产品，自己也成了电磁元件领域的高级专家。

任正非曾多次鼓励员工要甘做小事，他说："要摆正自己的位置，不怕做小角色。"

所以，要切记实现事业理想的最好策略就是把当下每件事努力做好、做精，不要因为事情小而烦琐就不去做，不要因为当前的工作岗位不符合自己的预期就放弃。要从小事做起，慢慢积累能力。只有甘于做小事，把每一件小事都做好了，你才能离成功更近一步。

第 5 章

围绕价值创造而工作

华为公司号召所有华为人围绕价值创造而工作。华为人要将自己的智力、想象力及知识当成公司的重要资源进行管理，必须通过卓有成效的工作将这些资源转化为成果，也只有这样，才能不断发展自己，不断成全自己。所以，我们一定要围绕价值创造而工作，将自己的资源转化为实实在在的成果。

对职业成长的思考：

1. 价值创造的源头在哪里？应该怎样认知客户需求？

2. 你的付出与企业的期望是否一致？能否取得预期的成效？

3. 如何才能打动客户，与客户建立友好的合作关系？

4. 如何将技术与客户需求融合，让技术创造价值？

5.1　倾听客户心声，挖掘最真实的需求

华为公司多次强调，所有的华为人都要坚持以客户为导向，并且通过服务客户创造价值。作为职场的奋斗者，要想和华为人一样成就斐然，就要像华为人一样贴近客户，深挖客户需求，并且积极采取行动，从而创造价值。

5.1.1　要有敏锐的嗅觉洞察客户需求

华为首席管理科学家黄卫伟指出，捕捉客户需求就像是"看着后视镜开车"。开车时观察两侧和后方的行驶情况，才能够及时调整自己的行车路线。而服务客户也是如此，只有仔细地观察，并且敏锐地察觉到客户的需求，才能及时调整自己的服务方案和产品设计，否则付出再多的努力都是没有用的。

所以，我们在服务客户的过程中，一定要时刻保持警醒，了解客户的需求，并且有针对性地为客户提供服务。

一次华为驻B国代表处的负责人邵琦（化名）与本地员工喝咖啡的时候，无意间了解到B国南部的一个小镇马上就要举办"Gramado（格拉玛多）电影节"，这也是南美洲最有名的电影节之一。小镇的人口仅3万，但是举办电影节期间，当地的游客数量将大幅增加，这也就意味着当地通信的流畅度和网络的质量都要有所保障，而当时V运营商作为B国三大运营商之一，是华为在B国最重要的客户之一。

邵琦非常敏锐地感觉到了 V 运营商的需求，并且马上制订了一份详细的宣传计划书。当邵琦把电影节网络保障计划和建议书放在 V 运营商客户总监的桌子上时，客户总监十分惊讶，因为 V 运营商正在搜寻原有网络在电影节期间的通信量数据，而华为正好递交了这份数据，并且提供了切实可行的实施方案。客户总监当即表示要和华为合作，邵琦也与对方详细探讨了电影节的具体活动执行。

邵琦有着极高的敏锐度及深刻的洞察力，从客户角度看到了客户的本质需求，并且为客户设计出了有效方案，所以一击即中，拿下了客户。

有一家企业因为适时抓住了消费者的需求，通过差异化的产品建设，赢得了广大消费者的认可。

作为一家以生产和销售羊奶粉为主的企业，澳优乳业近几年的快速发展得益于其差异化的品牌经营。因为体质的差异，许多宝贝喝牛奶奶粉时，会产生蛋白质过敏。针对这一现象，澳优乳业引进了荷兰某品牌羊奶粉，一举解决了这一问题，赢得了许多年轻妈妈的喜爱。

澳优乳业充分关注目标客户的需求痛点，在细分市场上发力，抓住了羊奶粉的机遇，因此取得了业绩方面的进步。此外，澳优乳业也在渠道等方面构建属于自己的生态圈，做好奶粉的生产与销售。该品牌婴儿配方羊奶粉是中国市场唯一添加 OPO 结构油脂的婴幼儿配方羊奶粉，从收奶、加工、包装到销售都隶属同一乳业集团，具有从牧场到货架完整的可追溯性。

当我们在服务客户的时候，也要注意到"找准客户痛点"的重要性，不要像无头苍蝇一样四处发力，而要对客户的需求保持敏感认知，发现客户的真正需求，才能获得与客户交流的机会。

5.1.2　加强与客户的沟通，倾听客户的心声

我们有了敏锐的洞察力，发现了客户的真正需求，并不意味着我们能拿下客户，获得与客户合作的机会。能够发现客户需求的人有很多，最后客户选择的是能够真正解决问题、为他们提供行之有效的方案的合作伙伴。

如何抓住客户需求，从客户视角考虑他们所关心的问题，最终为客户解决问题、创造价值呢？任正非对华为人是这样说的："天天与客户在一起，通过与客户的接触产生思想上的火花。认真倾听客户的需求，从客户视角定义解决方案的价值主张。"

2013年，华为南非地区部面临着无线站点资源不足等问题，华为行销部门的鲍祥英响应无线"西点鹰"号召，远赴非洲成了无线解决方案销售经理，负责联系客户，解决网络容量瓶颈等问题。

鲍祥英最初没有直接接触客户，而是根据客户信息初步判断客户需要的是典型的某种应用场景。但是当他正式拜访客户，同时向客户解释网络容量问题并推荐解决方案的时候，却没有得到

客户的认可。客户不在意的样子让鲍祥英有些怀疑自己的判断，于是他换了话题。当他提到自己曾从事射频研发的时候，他发现客户变得有些兴奋。于是，鲍祥英便顺着客户的意思聊起了射频的相关技术问题，遇到客户不是很明白的地方，鲍祥英就用专业知识逐一解答。他们从上午聊到下午，连饭都忘了吃，客户仍然意犹未尽。鲍祥英抓住机会，表示将在方案中采用射频技术，解决站址资源不足及网络容量瓶颈问题。客户听后，爽快地答应帮助他推动后续工作。

可以看出，有效的沟通使得鲍祥英找准了客户的兴趣点，认真倾听客户的心声使他捕捉到了客户最真实的想法和需求，最终获得了与客户合作的机会。

在与客户建立联系的过程中，除了保持极高的敏锐度及深刻的洞察力，还要真正贴近客户，聆听客户的诉求，了解客户当前迫切需要解决的问题，以便及时识别客户的关注点，制订出完美的解决方案。

5.1.3　深挖客户需求，找到客户没表达出的诉求

实际上，客户能够清晰表述出来的观点和需求是有限的，也许他们自己都不知道自己真正想要的是什么。所以，我们要与客户保持密切的联系，除了能够及时了解客户的现实需求，还能从客户的反应和一些细节观察到客户的潜在需求。

—— 职业管理理论 ——

冰山理论

　　1895年，心理学家弗洛伊德与布洛伊尔合作发表《歇斯底里症研究》，标志着"冰山理论"的诞生。弗洛伊德认为人的心理分为超我、自我、本我三部分，在生活中，我们的人格就像海面上的冰山一样，露出来的仅仅只是一部分，即有意识的层面；剩下的绝大部分是无意识的，而这绝大部分在某种程度上决定着人的发展和行为。管理学中，把一个员工的全部才能看作一座冰山，呈现在人们视野中的部分往往只有1/8，而看不到的则占7/8。

　　销售管理中，客户需求就像一座座冰山，其未表达出来的需求占了一大部分。因此，我们需要深入挖掘，找出客户未表达出来的诉求并帮助客户实现。

　　正如冰山理论揭示的那样，我们在面对客户的时候要保持耐心，学会从表面行为深挖出客户未能表达出来的诉求，试着站在客户的角度深挖他们的内心所需，真正满足他们的要求。

　　张英石是华为北京交换机产品规划团队中的一员，被外派到印度之后，他就去拜访了客户高管，对方提出需要华为提供一款交换机，这款交换机必须支持不间断电源供电，在断电情况下能够正常工作。张英石根据客户提出的需求做出了几个方案提交给客户，但是并没有一举赢得客户的认可，客户表示会认真考虑华为提交的方案，让张英石回去等通知。

　　张英石感到非常疑惑，自己的方案明明满足了客户提出的所有需求，为什么客户没有立即接受这个方案呢？于是他开始进行深度的市场调研，并且从多个渠道挖掘客户的深度需求。这时，他发现，印度经常停电，每次停电几分钟不等，一般的照明和生活供电都有不间断电源备份，但很多部署在楼道内的交换机没有备份电源，经常断网，导致客户体验很差。针对这种情况，印度本地的几家交换机厂商早就为客户设计出了支持不间断电源供电的交换机，但是一直没有真正解决客户的问题。

　　张英石这才意识到各个交换机厂商提供的方案成本非常高，因为客户需要的交换机非常损害电池寿命，经常更换交换机对客户而言无疑是非常重的负担。于是，张英石拿出了"必杀器"——带有内置蓄电池的交换机。这种设备相较于其他厂商的设备而言，更易安装，成本更低，电池的使用寿命更长。这样一来，客户的深层需求完全被满足，张英石的产品方案也得以从众多产品方案中脱颖而出，赢得了客户的青睐，获得了与客户合作的机会。

　　任正非曾指明，华为人在为客户服务的过程中要给客户展示他们想要的未来，而要找准客户想要的未来，就需要每个人都能够深入研究客户的关注重点，挖掘客户的深层需求。而华为人也正如他所说的那样，帮助客户实现了他们想要的未来，从而也为华为创造了价值，并且实现了个人价值。

　　在接触客户的过程中，我们都要用心关注客户的需求，及时与客户沟通，深入客户内心，抓住客户潜在需求，为客户创造价值，从而实现个人价值。

5.2　以客户需求为导向，对产品负责

华为一直遵循以客户为中心的价值观，对于产品严格把控，并且号召华为人要以客户的需求为导向，做好服务，对产品负责。对此，任正非强调："客户的要求就是质量好、服务好、价格低，且要快速响应需求。这就是客户朴素的价值观，这也决定了华为的价值观。"

5.2.1　产品才是你打动客户的关键

在与客户建立联系的过程中，很多人长时间地跟进客户，希望客户接受他们的产品或服务。但是不管他们怎么游说客户，客户都没有一丝松动。

实际上，当我们不知道哪个环节出了问题的时候，可以将目光放到自己为客户提供的产品身上，因为往往产品才是我们打动客户的关键。只要我们提供一款出色的产品，客户的眼光就会被我们吸引。

2016年9月，邵岩（化名）作为华为无线宏基站的一名项目经理，带着他主导研发的无线Small Cell（小基站）的第一款产品——Micro 3911E远赴日本，希望借此产品打开日本无线市场。

日本客户对于产品的质量有着近乎苛刻的要求。这也使得华为的小站产品必须持续改进，精益求精，给日本客户提供最优

选择。当时日本客户表示日本人口密集，对无线流量的需求非常大，仅东京一地，每月就有1300多万Gbit的数据交互。对此，日本客户提出需要华为提供更优的数据交互产品。

当时邵岩信心满满，因为Micro 3911E的大小仅为烤箱的一半，但可以满足1200人同时观看视频，而且下载数据速率高达300Mbit/s。这款产品质量极佳，安装非常方便，符合日本客户对于产品近乎苛刻的品质要求。但是日本客户认为这款产品还能调整到更佳状态，提出了"产品体积不变，发射功率增加一倍"的新要求。

邵岩当即更换了更高效率的放大器单元来提升发射功率，实现了客户的新诉求。邵岩将改进过的平台化设计介绍给客户后，得到了他们的高度认可。华为也打败了众多竞争对手，成为客户的唯一选择。

实际上，华为也是经历了从闷头研发出一款产品再推向市场到根据客户的需求调整产品的功能和特性，从对科研成果负责转变为对产品负责，才使得产品大受欢迎，成功占据了市场。所以，当我们为客户提供产品的时候，一定要明确产品才是打动客户的关键，要根据客户的需求对产品进行优化。

5.2.2　全心全意对产品负责，满足客户最真实的需求

任正非表示华为提出"以客户为中心"的价值理念，就是要做到让客户百分百满意。而让客户满意，其中最不能忽视的就是客户体验。任正非表示要做好客户体验就要准确抓住客户的心

理，全心全意对产品负责。

华为的这种以客户体验为重、对产品负责的服务理念也值得每一个职场人学习。我们在为客户设计产品的过程中，要把自己当成客户，以客户的思维做好产品研发，才能让产品得到改进，从而使客户获得好的体验。

华为的研发团队根据客户的需求研发出AnyOffice产品之后，华为产品部的苟向华（化名）就将这款功能完备的产品交付给客户使用。但是没想到客户对这款产品非常不满意，指出产品在接入的时候需要用户先配置，推广的难度过大，并且表示如果华为不能优化产品，将做退货处理。

苟向华立即将客户需求上报给研发团队，并且参与到了产品改进工作中。但是，解决了客户的第一个需求后，问题一个接着一个冒出来。最开始的时候，客户抱怨产品字体太大，苟向华就调整了字体大小。但是没过多久客户就表示字体太小，页面显示非常混乱。虽然苟向华知道客户的体验感受会有变化，但他也知道客户不会反复无常地抱怨，这时他才认识到，客户体验确实很糟糕，必须全方位优化产品，满足客户真正的需求。

苟向华除了满足客户的一切需求、按照客户指示优化产品设计，还开始参与竞品分析，开展用户调研，与专家合作，并继续收集客户声音，挖掘客户最真实的需求。在他的不懈努力下，客户批评的声音越来越少，肯定的声音越来越多。最终，他们赢得了客户的认可，完成了产品的交付工作。

其实，就像任正非说的那样，客户需要的产品不一定要拥有世界上最先进、最一流的技术，但一定是最符合客户内心需求的。所以，我们为客户提供产品的时候，要坚持以客户的意见为主导，从细节上考虑客户的体验和感受，并且基于客户的体验改善产品。

这也与营销管理学中服务营销理论提到的"对产品负责、为客户提供最好的服务是与客户建立稳定长久的合作关系的最好方法"的观点相符。

职业管理理论

服务营销理论

20世纪80年代，由于科学技术的飞速发展及社会生产力水平的显著提高，产业升级和生产的专业化发展也随之加速。这也使得产品的服务含量，即产品的服务密集度，日益增大。同时，由于劳动生产率的提高和消费者收入水平的提高，他们的消费需求也逐渐发生变化，需求层次也相应提高。

服务营销是在充分认识消费者需求的前提下，为充分满足消费者需求在营销过程中所采取的一系列活动。

正如服务营销理论提到的，满足客户的全方位需求的本质是将服务当作一种营销工具，从而促进有形产品的交换。当你全心全意对产品负责、全方位满足客户最真实的需求的时候，不仅能够与客户进行价值交换，还能提升客户的满意度和忠诚度，构建长远合作关系。

5.3　做"工程商人"，让技术创造价值

针对华为研发团队"技术控"的问题，任正非曾提出"工程商人"的概念，他表示在进行商业活动的时候，只有创造了价值的技术才是有用的技术，否则就是白做功。对此，任正非鼓励华为人做"工程商人"，重视产品的商品化。

5.3.1　产品路标来自客户

实际上，任正非提出的"工程商人"这一概念适用于每一个为客户服务的职场人。当我们为客户服务的时候，要谨记客户才是掏钱的人，我们所做的工作要围绕客户进行。所以，客户需要什么我们就提供什么，客户想让我们怎么设计和优化产品我们就怎么去做。

波音公司在设计777时，不是一开始就投入设计的，而是邀请各大航空公司的采购主管加入产品开发团队的讨论之中，并参考各采购主管的意见决定下一代飞机是怎样的，如要满足什么需求、设置多少个座位和其他要考虑的设计。而这些采购主管是最贴近客户、最了解客户需求的人。集中这些采购主管一起讨论，客户的想法就全部体现在设计中了。

波音公司设计777的过程就是任正非所说的："这就是产品路标，就是客户需求导向。产品路标不是自己画的，而是来自客户。"这也是很多优秀的职场人能够做出成就的原因。

2016年，摩拜单车一经出世就引起轰动，而这款产品就是客户"设计"的。

事实上，国内早有类似的单车出行方案，尤其是在北京和上海这些一线城市，大多数空间都被建筑占用，再加上人口密集，地铁、公交等交通方式出行拥挤，很多人的出行成了一个大问题。政府提供的自行车出行方案并没有缓解这个矛盾，关键就在于没有从用户的角度来设计产品。

摩拜单车的设计者王超抓住原本定点存放自行车的不便利，利用网络和随身携带的手机解决了定点存放的问题。移动支付解决了付款的问题，让客户更为开放自由地使用公共自行车。此外，王超根据客户的好奇心理，在"扫码—开锁"的基础功能之上加入了"红包""贴纸"等好玩的互动体验，吸引了大量的年轻消费者。

摩拜单车的成功得益于设计师王超能够围绕客户的需求工作。换句话说，实际上这款产品就是客户在设计。我们在为客户提供一款产品的时候要注意到，客户是购买产品的对象，所以，产品路标应该来自客户，当客户参与到设计工作中时，我们的产品才更有可能被接受。这时，我们的工作才有价值。

5.3.2　找到价值规律，以盈利为导向

任正非曾经多次表明客户是华为产品的风向标，华为一定要从客户身上找到市场的规律，并且以盈利为导向，为客户提供产品和服务。他强调："客户要什么，我们就赶快做什么。"这也是客户关系管理的重点。

┌─────────────────────────────────┐
　　　　　　── 职业管理理论 ──

客户关系管理理论

　　客户关系管理理论认为客户管理是一种商业策略，是按照客户的情况组织自己的资源，实施以客户为中心的业务流程，提供更快捷和周到的优质服务，提高客户满意度，以便吸引和保持更多的客户，增加营业额，并通过信息共享和优化商业流程降低企业经营成本。
└─────────────────────────────────┘

　　客户关系管理理论表明，当企业的销售、市场、服务等部门和人员拥有详细的客户资料的时候，只要强化自己的跟踪服务、信息分析能力，并且围绕客户需求，按照价值规律来改善产品，就能够提高客户满意度。

　　智能终端刚刚上市的时候，华为研发部门接到了某海外办事处的电话，称某个国家发生了严重的电话泄密的情况，引发了恶性事件。该国的客户高层急于寻找一个电话加密方案，防止此类事件的再次发生。他们找到了华为，而华为也如客户所需，提供了一份可行的解决方案。

　　王国宇（化名）是当时的项目经理，他从这个事件和客户的反应中敏锐地感觉到移动终端的需求会成为主流，而移动安全将会是炙手可热的方向。于是王国宇立即召集华为的技术研发人才和产品策划人才一起商讨这个事情的可行性，并且从技术方案谈到产品开发计划，得到了在场所有人的认可。

于是，王国宇的团队进入紧张的产品开发中，虽然当时很多人都没有开发过移动设备，但是每个团队成员都废寝忘食，不断翻找资料，改良产品。历经近两个月的努力，王国宇的团队终于做出了符合预期的产品，并通过了联合测试。在Wi-Fi网络下，两个手机能够毫无阻碍地互相通话，整个团队都沸腾起来。

最终，产品正式上线，果然大受消费者欢迎，成功占据市场的优势地位，为华为创造了巨大的价值，而王国宇的团队也获得了高额奖金。

当我们想让自己的工作创造价值时，就一定要明确一点，即主宰市场的是客户需求。我们要从客户身上寻找价值规律。所以，我们要学会转换思维方式，不仅仅对产品精益求精，还要在为客户提供产品和服务的过程中挖掘出更大的价值。就像任正非说的："要做'工程商人'，多一些商人味道，不仅仅是工程师。"

第 6 章

要有服务意识和奉献精神

俄国作家车尔尼雪夫斯基说："一个没有受到献身热情鼓励的人，永远也不会做出什么伟大的事业。"

如果我们希望在工作领域做出成绩，就要对自己的工作有一种献身精神，积极地在集体需要的地方贡献自己的力量，从而找到自己在集体中存在的价值，坚定自己继续奋斗、创造伟大事业的决心。

对职业成长的思考：

1. 你认为服务文化是怎样的？

2. 如何将服务文化融入工作中？你是怎样做的？

3. 如何理解华为文化中的奉献和牺牲精神？你做得怎样？

6.1　华为文化的特征就是服务文化

《致新员工书》中明确写道："华为文化的特征就是服务文化，谁为谁服务的问题一定要解决。"

6.1.1　认真对待每一个客户

"华为基本法"里明确提出，华为人要以客户满意度作为衡量一切工作的准绳，要以服务作为队伍建设的宗旨。

在华为看来，在为客户服务的过程中，如果不能认真对待每一个客户，不能站在客户的角度去解决客户遇到的问题，而是以种种理由辩解，不管原因在于客户还是在于华为，最终一定会让客户对华为失望，失去对华为产品和服务的信任。

事实上，我们是否用心服务客户，客户是一定能感知到的。如果我们不能用心对待客户，很快就会影响到我们的工作成果。而当我们用心服务客户的时候，也一定会得到客户的回馈。同样的事情，如果我们的处理方式和服务态度不同，就会有不一样的结果。

作家六六曾在淘宝平台遇到过卖家售假的问题。在她与淘宝卖家协商的过程中，双方没有达成共识。于是，六六直接向淘宝平台申请售后，由于六六的淘宝交易记录显示买家信誉良好，在一分钟以内淘宝平台就给六六退了款。

华为和淘宝采取的都是以客户为中心的服务理念，秉承着客户为主的服务文化，不找任何借口推诿服务工作中应该承担的责任。这也是华为的客户满意度一直较高的原因。

华为提倡的这种认真对待每一个客户的服务文化，对于每一个职场上的奋斗者来说，都极具参考价值。只有我们认真地对待每一道工序和每一个客户，根据客户的要求不断地调整和完善自己的工作，我们才能够较好地完成自己的工作。客户对我们的工作成果满意，才会购买我们的产品和服务，客户的满意度越高，我们能够创造的价值就越大。

6.1.2　学会换位思考，对客户负责

其实我们每个人不仅要面向客户提供服务，自己本身也是一个消费者。所以，在为客户服务的过程中，如果我们将自己当成客户，学会换位思考，就能很快找到客户的需求点，就能很快帮助客户解决问题。

2017年，华为P10手机上市。有客户表明自己手机的内存读取速度的测试结果与官方宣传的内存读取速度有出入。随后，许多客户反映自己的手机也有这个问题，而且使用两台完全相同的P10手机，测试结果也不同。一时间客户对P10手机的投诉不断，在网络上引起了热议。

2017年"五一"期间，华为消费者业务CEO余承东带领华为消费者业务管理团队到零售店、服务店等一线，与客户近距离沟通，聆听客户的心声。此外，余承东带领的团队更是摇身一变成为华为的客户，在零售店使用产品，切实感受产品的性能，和

其他客户讨论产品的缺点。通过这种换位思考的方式，他们找到了产品的改善点。华为业务员切身体会客户的需求，并且迅速采取行动，解决了客户提出的问题，最终得到了客户的认可，挽回了大量客户。

针对此事，余承东还特意给华为消费者业务的全员发送了一封邮件，提出要深刻反思此事，并且要求全体成员此后一定要主动聆听消费者的声音，满足客户的需求，用行动表示华为对客户的负责态度。

华为的业务员把自己当成消费者去体验产品并理解客户提出的问题，最终解决问题没有造成更大的损失，而且树立了对消费者负责的形象。这些都是因为华为人能够站在客户的角度思考问题。

我们在为客户服务的过程中也要注意到，客户往往是基于自身利益的考虑提出要求。如果我们能够以换位思考的方式为客户服务，将每位客户的事当成自己的事来做，那么一定能够很好地解决问题，赢得客户的认可。

6.1.3　用心服务，赢得客户信任

华为为客户服务时一直遵循一个观点，那就是"谁为客户着想，客户就为谁着想"。客户也是普通人，他们肯定也会有个人情绪。当我们把客户当成自己的朋友，为客户排忧解难的时候，客户也会把我们当成自己人，信任我们。

职业管理理论

内群体偏好理论

　　心理学研究发现，当人们非常信任一个人的时候，就会将自己和他纳入一个群体，而自己会对这个群体产生归属感，对群体内的其他成员（即内群体成员）和不属于群体的成员（即外群体成员）的行为表现是截然不同的。

　　也就是说，当人们将自己归入某个群体之后，就很容易在心理上偏向内群体成员，这就是心理学上的内群体偏好。

　　当我们和竞争对手争取客户的时候，我们可以利用内群体偏好理论，通过无微不至的服务，和客户像朋友一样相处，从而赢得客户的信任，让客户产生内群体偏好心理。

　　石艳东是华为的一线客户经理，在工作中一直以真诚的态度对待客户，并且适时关心客户的生活，真正做到了在各方面为客户提供最好的服务。

　　某次，石艳东的一名老客户的家人在北京住院，那名客户也需要在北京住几天，于是给他打电话询问能否帮忙预订宾馆。石艳东理解客户忙于家人病情的焦急心情，在接到客户电话的第一时间就立即帮客户安排妥当，并且细致地给客户说明了入住事宜。而客户带着家人一路奔波到达北京之后，舒适的酒店环境也缓解了他们的焦虑。这件事被石艳东的客户记在心里很多年，每次有合作就直接找石艳东，并且表示石艳东是自己的兄弟，他在哪儿，自己的合作订单就跟到哪儿。

可见，如果我们用心服务客户，将客户的事情当成自己的事情，全心全意地帮助客户，客户就一定会产生内群体偏好心理，认为自己和我们是一体的，在我们需要的地方，客户也会尽可能地满足我们。

所以，我们要让这种双赢的心态时刻影响着我们，时刻想着如何把客户关心的事办好，从而把我们自己关心的事也办好。

6.2　发扬组织内部的奉献精神

哈佛大学的查理德·哈克曼教授曾说："如果一个团队想要取得成功，就必须是一个真正的团队。"而我们每个人作为团队的一员，首先就要发扬奉献精神，使得团队维持稳定状态，高质量地完成团队工作，成就团队，从而成就个人。

6.2.1　从小事开始关心他人

在华为，客户分为外部客户和内部客户，除了广泛意义上的客户，对于每个员工而言，下一道工序的接收人也是自己的客户。华为要求华为人能够将同事当成自己的客户，从小事开始关心他人、帮助他人。

也就是说，当我们处于一个集体中时，要能够自发地去帮助其他成员。心理学中有一个利他主义理论，说的也是这个道理。

职业管理理论

利他主义理论

社会学家和社会心理学家很早就对利他行为进行了大量的科学研究，根据许多学者公认的看法，我们将利他行为定义为对别人有好处、没有明显自私动机的自觉自愿的行为。但是通常的利他行为既包含利他的因素，也包含利己的因素。

我们在做出利他行为的时候，可能没有想过马上得到什么实质性的回报，比如财富或奖品。但是我们做出利他行为可能会有不同的动机，比如积累他人对我们的好感、被关注等。这些微妙的动机使我们采取利他行为，这些行为也的确会帮助我们在职场中有好的发展。

华为地区部在哈萨克斯坦代表处召开年中会议期间，代表处的成员都忙着做准备活动。由于要筹备近50人的会议，而且到场的都是片区和地区部的领导，所以大家都非常认真谨慎。

但是在筹备期间，时任代表却意外住院，恰在这时，代表处一名被解雇的本地员工四处滋事。项目经理刘影毅然承担起所有责任，除了照顾代表处负责人，她还联系律师协助处理本地员工离职事件。在琐事缠身的情况下，刘影没有忽略马上要召开的会议，将会议的接待工作安排得井井有条，会议也在她和代表处其他成员的共同努力下圆满结束。

在刘影看来，她有义务竭尽所能去帮助解决这些问题。在哈萨克斯坦三年多的时间里，刘影总是主动地协助代表处的同事处理各方面的工作，让他们安心为客户服务。她的服务精神好像与生俱来，总是能够自动出现在需要她的地方。

由于优秀的服务能力，刘影在哈萨克斯坦工作的第四年被调至格鲁吉亚代表处主持工作。

刘影在关键时刻帮助同事解决了会议期间出现的种种问题，保证了代表处的工作顺利完成。这种关心同事、服务同事、帮助同事的"雷锋"精神正是华为所提倡的，刘影也因为努力工作和不计回报地帮助他人得到了华为的重用。

每个公司肯定都需要能够为了组织的发展无私奉献的员工。从小事开始关心他人，把同事当成自己的客户去服务，为组织建设贡献自己的力量，不仅有利于组织的整体利益，对于个人的发展也有一定的积极作用。

6.2.2　主动分享自己的知识和经验

以华为为代表的许多成功企业，都非常重视群体的力量。为此，任正非多次鼓励华为人去宣传自己，主动去分享自己的知识和经验，帮助并教育更多人，并且在传授自己的知识、经验的过程中，发现自己的不足，改进自己的工作，与其他成员一起成长，共同建设一个更好的集体。

王新华是一个标准的程序员，他思维清晰、编码水平极高，写出的代码逻辑清晰、整体简洁而且实用性极高。

同时，王新华也是部门的"导师"，每次部门培训的时候，他都会积极分享自己的编码心得，把自己积累的知识和经验分享给部门的所有成员。有新员工编写的代码出现问题，他还会仔细帮忙清查问题所在，并且逐一点评讲解，然后让他们返工，不仅自己理解，还帮助别人理解。王新华自己也说，在分享自己的知识和经验的同时，自己的理解也会更深刻，不仅帮助了别人，自己也得到了成长，何乐而不为。

任正非强调："如果你认为自己干得好就行，别人好不好我不管，那么你这个优秀员工还没有起到优秀员工的作用。要帮助别人，使大家一样好，要开展一帮一、一对红。"

其实每一个企业的领导都希望公司能够有更多的优秀员工，不仅做好自己的工作，还能帮助他人成长。这类人身上除了工作能力，还有管理能力，更容易得到公司的重用。当我们有志于在一个更好的集体中得到更好的发展的时候，就要主动去帮助他人成长，主动去分享自己的工作心得。

6.2.3　发挥个人优势帮助团队解决问题

任正非曾说华为也是由沙漠逐渐变为土壤的。这个过程中，无数的华为人秉承着牺牲精神和献身精神，将自己的身体化为肥料，将华为建设成一个优秀的平台。而那些能够发挥组织内部奉献精神的人，最终在帮助组织发展的过程中也成长为能够独当一面的人才。

我们作为组织的一员，也应该有华为人的这种奉献精神，发挥个人的优势，帮助组织解决问题，建设一个更好的发展平台。

被誉为"20世纪80年代成功领导企业的最佳典范"的李·艾柯卡是克莱斯勒汽车公司的前总裁。他之所以能够获得这一荣誉，是因为他拥有管理克莱斯勒汽车公司的成功经验。而他的成功，是因为他组织了一个高度团结并勇于创新的工作团队。

艾柯卡勇于自我牺牲，每一次公司出现问题的时候，他都会主动站出来承担责任，尽管他不需要为这些麻烦事负责。他一直都把公司的事情当成自己的事情去处理。艾柯卡的牺牲和奉献精神也影响了公司中的其他成员。在他的带领下，公司的员工上下一心，为了共同的目标奋斗，而且受艾柯卡的影响，公司的其他员工也一切以团队为重，主动发挥自己的才能帮助公司解决发展过程中的问题。因此，克莱斯勒汽车公司发展得很好，出现了很多像艾柯卡一样取得不凡成就的人才。

每个人都有自己擅长的领域，只有发挥自己的优势，才能创造更大的价值。正如管理大师彼得·德鲁克所说："若想做到卓有成效，那么就必须将精力花在能做成的事情上，并以最有效的方式来做好这些事情。"

在一个集体中，个人利益与团队利益是休戚相关的，我们帮助团队其他成员解决问题的时候，也是在帮助自己找出工作中的隐患。同时，我们为了团队利益挺身而出，也会影响团队成员的行为。如果我们形成了一个紧密的集体，我们每一个成员都能为了共同的目标而奋斗，那么我们所处的团队必将是一个成功的团队，团队中的每一个成员也将取得不俗的成绩。

6.3 成功的背后是牺牲和付出

任正非曾说，进了华为就是进了坟墓。关于这句话，他解释道："成功的背后是什么，是牺牲。"他认为任何做出努力、做出贡献的人，都是消耗其有限的生命才创造了无限的成功。我们在奋斗过程中，也要深刻领会这种精神，要全身心投入工作中，不畏牺牲，才能更靠近成功。

6.3.1 要突破艰难险阻才会有所成就

管理大师汤姆·彼得斯说："硅谷的1315平方英里（约3406平方千米）可能是世界上生产力最旺盛的土地。"当地公司的董事长补充道："如果每当一年美国总统要花费十年的心血，那么在硅谷创业一年要花费五年的生命。"这意味着硅谷繁荣的景象之下，埋藏的是无数创业者奉献的生命和精力，这些创业者处于难以想象的高压状态之下，时刻保持着奋斗状态，因为他们意识到成功是难以实现的，唯有不断拼搏。

我们普通员工可能相较于硅谷那些成就斐然的人才还有一定的差距，但是当我们具备了硅谷人才身上那种不畏失败、突破艰难险阻的奋斗精神时，我们就离实现事业理想更近了一步。

职业管理要点

犬獒效应

　　当年幼的藏犬长出牙齿并能撕咬时，主人就把它们放到一个没有食物和水的封闭环境里，让这些幼犬互相撕咬，最后剩下一只活着的犬，这只犬称为獒。据说十只犬才能产生一只獒。这种现象被称为"犬獒效应"。它揭示了一个道理：困难是造就强者的学校。

　　我们生活在一个竞争的时代，要想突出重围、有所成就，就必须比他人付出更多的努力。只有这样，我们才能保持战斗力，在激烈的竞争中成为真正的强者。

　　栗文雨是一名"90后"，加入华为之后被派往拉萨。作为一个对未来有无限期望的年轻人，他没想过自己的事业会在经济、教育落后的西藏区域开始。他刚到拉萨的时候非常不适应，有一次出现了严重的高原反应，白细胞飙升。他在医院躺了三天，也就是在这三天中，他无数次产生放弃这份工作的念头。

　　但是栗文雨出院之后被主管的一番话打动了，他的主管安慰他："谁也不是随随便便就能成功的，你突破了这一关，还有什么是你做不到的呢。"栗文雨心里想着如果自己能够在艰苦地区奋斗几年，一定能够锻炼出一身本事。于是，他选择了坚持。克服了种种困难之后，他成功地完成了拉萨当地的"村通宽带、十户联防"等业务，而自己也在两年之后因为能力突出被接连提拔，成为华为管理层的一员。

任正非与新员工交流的时候，曾表示工作中难免遇到困难险阻，但越过这些困难，我们就能进入新的天地。他说："我们必须有所作为，一切有志于献身事业的人，都应义无反顾地勇往直前，不管两旁的鲜花、荆棘。"

6.3.2　奉献自己的价值，获得更多回报

任正非曾多次表明："我们的责任就是胜利，牺牲只是一种精神。华为的员工不只拥有奋斗精神，更要把这种奉献落实到脚踏实地的学习与技能提升上，在实际工作中体现出效率和效益来。"

我们当然要为公司、为集体奉献出自己的力量，创造出更大的价值，但我们的付出也一定要能够换取成功的果实，否则那些牺牲就是毫无意义的。

聂愿愿在加入华为之后，成了数据管理软件组的一员。工作没多久，聂愿愿就遇到了一个难题。当时，版本中有个涉及并发控制的核心逻辑，是一个非常复杂的状态机，直接影响数据的一致性。

华为项目组的所有成员面对这一难题都止步不前，这个时候聂愿愿主动提出要承担起解决这个问题的责任，为了保证万无一失，他几乎到了废寝忘食的地步。

聂愿愿连吃饭睡觉都在不停地琢磨解决方案，最终在他的努力下，找到了解决问题的新思路，从原理上做了理论分析，写了长达16页的文档，完整阐述了算法思想，从理论上证明了方案的

完备性和有效性。

在随后的一年，聂愿愿不断主动承担起更多工作职责，努力为集体贡献自己的力量，创造更大价值。也正因如此，不管在理论的广度上，还是在具体技术细节的深度上，聂愿愿都远远超过了数据管理软件组的资深员工，很快成了新的工作领域的佼佼者，被公司破格提拔。

聂愿愿能够在这么短的时间之内超越团队的其他成员、获得更大的回报，是因为他能够抓住机会，为组织奉献，创造了更大的价值。我们在奋斗的过程中一定要建立一种"奉献和牺牲是为了成就我们自己"的意识，更为积极地投入工作中。

第 7 章

抢着干，让组织看得见

在华为，每个人都懂得，只有在最佳时间、以最佳角色做出最佳贡献，才能得到公司的重视。作为职场人士，我们怎么才能做出最佳贡献呢？首先我们要让组织看到我们想要做出最佳贡献的决心，以积极的工作态度抢着干，并且在这个基础上把事情干好，这样我们就能够获得更多机会，快速成长起来。

对职业成长的思考：

1. 如何在职场上找准自己的位置，快速成长？

2. 把事做好就一定行吗？你懂得如何更好地表现自己吗？

3. 怎样才能抓住工作中出现的机会，让自己快速成长？

7.1　学会享受工作带来的乐趣

为了让员工保持积极的心态，任正非鼓励所有华为人要将自己的工作当成自己热爱的事情，并将工作视为一种难得的机遇和挑战，好好珍惜工作，享受工作过程。

7.1.1　改变工作心态，享受工作过程

任正非曾说，他并不是一个能够选择自己处境的人，但是不管身处何种环境，他都非常乐观，这使得他能够快乐地应对一切事物。对于很多刚进入职场的人来说，选择是有限的，那么如何让自己在职场上做出一定的成绩，并且从中获得满足感呢？这需要自己调整心态，学会享受工作带来的乐趣。

不管从事哪一行业，处于哪一层级，如果我们不重视自己的工作，那么我们肯定做不好自己的工作。可见工种不重要，重要的是我们能否以一个积极的心态去工作。

2013年，从艺术院校毕业的张成斌加入了西班牙华为供应链。最初，张成斌对于华为和电信行业的了解仅仅停留在网络上铺天盖地的新闻中。所以，刚开始加入华为的时候，张成斌内心非常忐忑，而且也不确定自己是否真的会喜欢上华为的工作内容和工作环境。

虽然张成斌心中还有怀疑，但是他并没有因此消极，而是每天都积极地投入工作中。不适应业务需求，他就重新学习，并且

查阅公司流程；遇到不懂的地方，他就向部门的前辈"取经"。很快，他的努力就有了回报，他不仅跟上了供应链部门的工作步伐，甚至在一些领域起到了带头的作用。

张成斌越来越享受自己工作的同时，逐渐在工作中用到了他的专业技能，由于部门经常需要做一些宣传工作，张成斌主动承担了构思场景、设计细节、拍摄制作等任务，让自己的设计才能体现在作品中。张成斌身上有了"敬业""有能力"等标签，获得了部门的认可。正是因为张成斌积极的工作心态，他不仅能够真正享受工作过程，最终还做出了一定的成绩。

可见，只有以积极的工作心态，全身心地投入工作中，才能够成就自己的事业。所以，不管前进的路上有多少荆棘坎坷，我们都应该保持乐观的心态去热爱工作，享受工作，长期不懈地做好每一件事。

7.1.2 在工作中学会享受生活

每个人或多或少都会对自己的工作产生负面情绪，在最为难熬的时候会问自己究竟为什么辛苦工作，工作的意义是什么。如果我们转换心态，不以工作为苦，而是享受自己的工作，做到爱迪生所说的"在我的一生中，从未感觉是在工作，一切都是对我的安慰"，不把工作当成一项任务，而是真正去热爱自己的工作，学习从工作中找到乐趣，那么我们就能更为享受自己的工作和生活。

华为非洲地区部的孔庆丰评价自己在西非的工作状态时，

用了"快乐"一词。作为一名服务解决方案销售经理，孔庆丰要独立负责多家运营商及企业网市场，但是此前没有相关工作经验的他几乎是从零开始摸索，学习了各项工作技能，每天都忙于工作。

可是面对忙碌的工作，孔庆丰不仅毫无怨言，还主动承担了代表处生活委主任一职，在工作之余关心员工的生活状态，认真收集员工的建议，帮助员工改善饮食和居住环境。

在孔庆丰的努力下，他负责的项目运行状况良好，当地员工的伙食质量稳步提高，这使得他颇有成就感。

孔庆丰是个典型的乐天派，西非环境艰苦，娱乐项目也不多，但是他每天都非常享受自己的工作和生活，并且以东北人特有的热情感染着身边的同事，整个项目组的工作氛围非常轻松，这也使得孔庆丰更为享受工作。

从孔庆丰享受工作和生活的案例中我们可以看出，对那些热爱工作的人来说，工作就是一个追逐快乐的过程。工作可以让人感到兴奋，让人生活得充实、不空虚，可以给人带来成就感和不断超越的骄傲。如果我们能够以享受的状态去工作，那么一定能够体会工作带来的快乐。

7.2　主动迎接挑战，努力提升自我

这是一个充满机遇与挑战的时代：很多人因为勇敢迎接挑战，抓住机会成就了自己；也有人原地踏步，工作能力长期得不

到提升。有志于在职场上做出一番成绩的员工，一定要主动承担挑战性工作，努力提升自己。

7.2.1　抓住机遇，主动承担有挑战性的任务

比尔·盖茨认为，敢于为机会冒险是实现成功的首要因素，他之所以能够在激烈的市场竞争中建立起他的微软帝国，就是因为他敢于为机会冒险。比尔·盖茨甚至提出，没有风险的机会根本不值得投入时间和成本去尝试。

在职业生涯中，我们常常会获得一些机会，承担更具有挑战性的工作。这个机遇也许蕴藏着对我们未来发展起着重要作用的力量。面对工作中出现的机遇，能否勇敢迈出这一步，主动承担起更有挑战性的工作任务，是我们实现事业理想的关键。

华为正式启动新双密度基站之际，GSM（全球移动通信系统）产品线总裁何刚表示："竞争力必须做到行业领先，GSM反败为胜在此一举。"当时华为的GSM项目已到了不得不取得重大突破的关键时机，项目难度极大，艰难程度可想而知。

就是在这样的情况之下，袁宇坤（化名）主动向华为申请负责推动GSM产品的进程。在袁宇坤的主导下，华为上海研究所9号楼成了GSM研发团队的基地，这栋楼每晚灯火通明，华为的研发人员在这里度过了无数个奋战的夜晚。

袁宇坤自承担这个研发项目的主要任务以来，以一种奋不顾身的姿态努力向前狂奔，团队中从开发部长、版本经理到普通员工都在巨大的压力之下深受他的影响。整个团队在大半年的时间

内都日夜不分地工作，最终以领先的架构及性能使得GSM产品有了质的飞跃，华为也成功将这款产品及时推向市场。

最终，中国移动选择了华为GSM，并让华为负责成都市核心城区所有基站的搬迁工作，袁宇坤带领重大项目保障组成功保证了项目交付，华为的GSM产品取得了喜人成绩。

从袁宇坤的工作经验可以看出，踏踏实实工作固然是提升自己的一种方式，但当我们大胆、积极地工作，抓住一切能够锻炼自己、提升自己的机会的时候，我们能够收获更大回报，也能够成长得更快速。

在工作中，敢于为机会冒险，就是要求员工把有挑战性的任务当成一个机会，全方位地展示自己的能力，这样做不仅能够提升自己、完善自我，也能够为团队绩效做出贡献，为双方创造价值。所以，当上级发布具有挑战性的任务的时候，我们要抓住机会去学习，去提升自己的能力，积极争取自己的未来。

7.2.2　挑战目标，最大限度地提升自己

在日复一日的工作中，很多人脑海中都会闪现"工作太无趣了"这种念头。到底是工作无趣还是你已经失去了提升自己的热情，从而失去了对工作的热情呢？

其实，要解决这种困境，你只需要给自己制定一个需要奋起努力才能实现的目标，然后做出承诺。这样就能鞭策自己成长，重拾工作的激情。

———— 职业管理理论 ————

承诺一致性原理

心理学家发现,一个人一旦做出了承诺,或者公开地表明了自己的立场之后,他今后的行为也会在承诺的范围内进行。这就是心理学上的承诺一致性原理。心理学家多伊奇和杰勒德的实验向我们证明了这一原理的真实性。

之所以会表现出承诺一致性,是因为一旦人们做出了某个决定,或选择了某个立场,尤其是将其公布之后,就会面对来自内心或者外界的压力,在这种压力下,个体就会希望通过实际行动来证明自己的承诺具有一致性。

当我们希望改变自己,让自己能够有所提升时,最好的方式就是制订一个有挑战性的目标,并做出实现目标的承诺,自己给自己施压,让行为和承诺保持一致,从而努力工作,实现目标,提升自己。

陶亮加入华为公司以来,一路顺风顺水,虽然没有做出很好的成绩,但是也能够轻轻松松完成自己的工作。但是他总觉得自己缺了些什么,这种感觉在看到同部门的其他同事考评得 A,甚至获得金牌奖的时候尤为明显。直到和其他产品线的某团队一起共事,他才找到原因所在。

这个团队中有个叫刘杰的员工,多次考评成绩为 A,且获得了公司的金牌奖。陶亮观察他工作时的状态,发现他是一个特别勇于挑战自己，并且能够最大程度提升自己的人。

当时，整个团队忙于做BTS312的开发工作，客户突然提出要求，要尽快高质量实现BTS312 7.0版本的商用。刘杰得到消息之后，立即请缨，并且向团队保证自己会实现这个模块的完美交付。

实际上那时刘杰没有任何代码及项目管理经验，但他许下承诺之后每天都充满激情地投入工作中，遇到难题就及时向团队的专家请教，抓住一切机会学习更多相关专业知识。就这样，刘杰真的像他说的那样圆满完成了所有任务，产品上市后他所负责的模块也没有出现过问题。刘杰因此获得了主管的嘉奖，这也体现在他的绩效考评上。

我们每个人或许都有陶亮一样的困惑，为什么自己不如那些最优秀最有能力的员工呢？其实就在于我们没有像那些优秀员工一样去挑战目标，提升自己。在被问到为什么每次都能够快速切入一个全新的领域并取得成绩的时候，刘杰回答："只有挑战目标，我们才能最大程度提高自己。"

7.2.3　将每次挑战都当作是学习的机会

每个人的职场生涯或许都要面对一个艰难的时期，就是所谓的职业瓶颈期。很多时候我们感觉工作起来有困难，很大程度上是因为我们在平时的工作中回避挑战，只想不费心不费力地赶紧完成手上的工作。这种做法使得我们长久处于同一工作环境中，没有任何改变成长的机会。长此以往，当工作内容稍有变化，自己就无法独立完成工作了。

所以，我们要改变自己只想待在业务舒适区的心态，唤起自己的工作激情和学习意识，将工作中的每一次挑战都当成提升自己的学习机会，并且付诸努力，最终得以成长。

昆塔是华为东南非地区部运营商业务部的副部长。加入华为之前，他已经在M公司工作十年了，并且凭借自己的能力成了M公司的核心干部。

昆塔是一个喜欢挑战自己、不断提升自己的人，所以当他感觉自己在M公司的发展有一定的局限性之后，被华为人力资源主管的一句"如果你觉得能承受压力、解决这个问题，就加入我们"吸引了，他当时就回答："我个人非常喜欢挑战，希望能够在华为有所成长。"

果然，加入华为之后，昆塔主动抓取机会，不断挑战自己。他加入华为不过几个月，就接受了一个非常棘手的项目，客户的NPS（净推荐值）第一次落后于同城竞争对手，这在以往的15年来是从未出现过的，当时客户给华为施加了很大的压力。为此，昆塔不仅每天花费很多时间精力在项目中，还另外联系了很多资源。最后，用六个月的时间，昆塔带领项目组使客户的排名重新回到第一。并且在此后昆塔负责这个项目的几年里，华为再也没有收到过客户的投诉，客户的NPS也一直保持第一。

这不过是昆塔职业生涯中遇到的其中一个挑战而已，而昆塔又不断接受挑战，并且从这些经历中锻炼自己的能力，最终不断成长，获得了华为公司的金牌个人奖、GTS（全球技术服务）最佳交付奖、"明日之星"等多个荣誉。

我们总是想要有工作成果，获取事业成就，但是光构想，不付诸行动怎么能行呢？

我们每一个人都要像昆塔一样，改变自己的心态，不认为工作是一项任务，而将每一次挑战都当成自己的学习机会，不断提升自己，不断累积工作经验，实现个人成长，最终实现自己的事业理想。

7.3　全身心投入工作才能获得更多机会

当我们全身心投入到工作中的时候，我们会发现整个工作过程其实是一环扣一环的，当我们做好了上一环节的工作，我们才能打好基础，做好下一环节工作的准备，而公司也会看到你的努力，将更多的工作机会给你。在此之前，我们能做的就是少抱怨，多工作，等待机会的到来。

7.3.1　抢着干，干得越多，学得越多

在职场上总会听见一些抱怨的声音，诸如"我和别人干一样的活，拿的钱却少得多""为什么让我做这件事？"等，很多员工也因为计较干多干少，工作起来没那么用心，只求把工作任务完成，以此来平衡自己的心理。实际上这是最吃亏的做法，承担的工作任务越少，自己学习和扩充知识的机会越少，锻炼的机会也越少。长此以往，和别人的差距也就越来越大，工作发展也会因此受限。

正确的做法应该是将心思和精力放在工作上，主动去承担更多工作职责，去学习更多相关知识，积累更多工作经验，为将来的发展夯实基础。

华为的CAD（计算机辅助设计）软件设计师乔国富（化名）参加工作的时候，CAD软件还没普及，所以当时散热器的设计图纸需要设计师一张一张地手工制作，然后再通过描图的方式形成纸质设计文档。

乔国富当时是设计部门的新人，所以需要干很多杂活，很多和他同期进入设计部的同事都不能接受高强度高压力的工作选择了离开，他却非常能够吃苦，主动申请散热器设计图纸的制作工作。

乔国富工作的前两年，都是趴在绘图板上绘图、描图。但也就是在这个过程中，他一边埋头绘图，一边累积专业知识。

让他体会最深的是当时华为研究所与IR（国际整流器公司）合资，公司选派三名工程师去美国学习，乔国富凭借自己出色的专业能力和工作能力打败了几个资深工程师，得到了这个机会。

当被问到如何在职场上找准自己的位置、快速成长的时候，华为的高管陈黎芳回答："我给你唯一的建议是多干、抢着干，干得越多，就学得越多，你就有机会去干更重要的事情。如果都做到了，你一定会受益匪浅。"

7.3.2　肯投入，卖力工作，才有前途

任正非曾多次表明，华为在提拔干部的时候强调员工的敬业精神，重点培养那些全心全意投入工作的员工。站在公司的角度来看，每个公司都需要卖力工作为公司创造价值的员工，为此，公司会提供更多发展机会给这些优秀员工，以此激励他们为公司创造更大价值。

作为个人而言，除了公司给予的发展机会、奖金等激励，自己也要意识到努力工作对自己的成长大有裨益。只有从认知上明确这一点，我们才能更好地投入到工作中。

"李真啊，她就像一台推土机。"

"而且还是'倔强'的推土机。"

华为财务部门的李真在她的主管眼中就是一个什么都肯干、对于所有工作都愿意全身心投入的"推土机"。对于工作，她始终保持不达目的不罢休的态度。

作为一个新入职不久的员工，本可以跟着主管一步一个脚印地前进，但是她偏偏"初生牛犊不怕虎"，部门很少有人做存货管理，她主动承担起了这个职责。对于部门一直没法改善的内控工作，她也硬是凭借自己的努力解决了超长期存货问题。她的主管评价她："脾气倔，敢于跟那些大家头痛的历史问题'死磕'，可不就像一台推土机，不停地深挖、铲土，最终让历史项目淤泥无处可藏。"

也正是因为李真肯投入工作中，敢于"死磕到底"，最终解

决了历史遗留问题，由主管嘴中的"推土机"成长为一名名副其实的专家。

李真曾经表示，自己的升职经验就像是打游戏升级一样，每完成一个工作任务，自己的装备也跟着升级，战斗值也在增大。她就是在这些工作之中逐步成长起来的。

其实，工作就像是打怪升级，只有克服了一个又一个的困难，才能取得最后的胜利。只有全神贯注于攻克工作中的难关，我们的能力才能得到提升，我们才能迎接更好的未来。

第 8 章

做奋斗者，持续地艰苦奋斗

卓有成效的奋斗者都具备持续艰苦奋斗的精神。对此，任正非向华为人强调："只有奋斗才会有未来，奋斗可能不会成功，但不奋斗肯定是不会成功的。"对于职场上的每个人来说，要想在事业上有重大突破，就需要沉下心来，持续地艰苦奋斗，唯有奋斗才能有所成就。

对职业成长的思考：

1. 如何调整心态，积极应对事业起步期？

2. 如何有效避免思想上的怠惰，保持进取心？

3. 如何跳出舒适圈，在事业上有所突破？

8.1　努力奋斗是为了明天更好的生活

我们在工作之初，一定都会对自己的事业和生活抱有非常美好的期待，希望自己事业成功，生活美满，两者达到平衡。但是很多时候，为了明天更好的生活，眼下我们要咬牙吃苦，投身于艰苦奋斗中。

8.1.1　为了顾及明天，今天就要先奋斗后生活

华为不是一开始就这么成功的。20世纪90年代初，华为的资金、技术、人才等各个方面的资源都非常匮乏，华为人上下一心，选择了"先干出一点儿成绩再谈别的"，这也是华为"先生产，后生活"艰苦奋斗文化的起源。而华为也正是依靠集体奋斗，群策群力，日夜攻关，最终实现了腾飞，成了国内电信行业的巨头企业。

对于在职场奋斗的我们而言，在起始阶段，没有工作经验、掌握的技能有限、没有积累有效的人脉关系等诸如此类的问题限制了我们的发展，但是要想在事业上有所突破或通过工作获得更好的生活，我们就要放下那些安逸享受的念头，先奋斗后生活。

龚亚敏是华为的项目经理，最初业绩不佳，导致他的绩效和收入受到影响，加上生活成本过高，他几乎难以维持自己的基本生活。为了改善当时的状况，他主动向公司申请去往非洲锻炼自己。没想到，这一走就是九年。

最初到达非洲的时候，龚亚敏不适应当地的工作环境。为了完成自己的工作，他从来没有在周末睡过懒觉，几乎每天早晨六点就起床准备工作，也经常为了做好工作熬到深夜。在非洲的九年里，龚亚敏接手了无数个棘手的项目。为了和客户建立合作关系，短短几年内，他就走遍了非洲，出差到各个国家，与客户商议合作细节。

最终，龚亚敏凭借自己的努力和付出，成了项目组的活招牌，只要有他在的项目，就没有谈不下的合同，他的业绩也有了明显提高。龚亚敏在非洲度过最为艰难的奋斗初期之后，生活逐渐得到了改善，并且在非洲组建了自己的家庭，和自己的爱人一起过上了忙碌却充实的生活，偶尔假期还会和家人一起去周边度假。

任正非曾多次鼓励华为人要把握今天，为了明天而奋斗，他强调："要了今天，就会误了明天；要顾及明天，今天就难生存。活下去才能胜利。"

的确，如果要在岗位上有所发展，从众人中优先获得升职机会，就只能付出比别人更多的精力来工作。只有今天努力了，我们的明天才会更美好。

8.1.2　奋斗背后是希望和快乐

法国哲学家伏尔泰说："工作撵跑三个魔鬼：无聊、堕落和贫穷。"我们可以看到，在事业上获得巨大成就的那些人都是坚持努力奋斗的人。因为坚持奋斗、努力工作，才能够抵挡"无聊"、"堕落"和"贫穷"这三个魔鬼的侵袭，而唯有避开这三个魔鬼，我们才能拥有希望、享受生活。稻盛和夫也说，唯有拼命工作，才能走向成功。

职业管理理论

稻盛和夫经营十二条

稻盛和夫总结的经营十二条中有一条是"付出不亚于任何人的努力"。这句话也被他进一步解读为"要努力奋斗到老天爷都看不下去要出手相助的那一刻"。

稻盛和夫结合自己多年的经营管理经验，提出：除拼命工作外，不存在第二条通往成功的路。并且进一步鼓励员工拼命地工作，他说："要让神愿意伸手援助，你就必须刻苦钻研，全身心投入工作。这样一来，不管面临多么困难的局面，神一定会帮你，事情一定能成功。"

稻盛和夫所提到的这一点与任正非的想法不谋而合。任正非曾说，当一个人愿意付出更多努力去拥抱时代、拥抱社会时，即使他仍然会感受困惑和苦痛，他的人生基调中更多的将是阳光与奋进。

Osama（人名）是华为的站点工程师，最初他是作为一名电源工程师被招聘进华为的，但是到了区域报到的时候，因为人事调动出错，他被拉去微波组干活。没有这方面工作经验的Osama每天都要付出数倍的努力去适应工作，没多久他就完全胜任了这份工作。后来公司让他承担更大职责的时候才发现他本来应该是电源组的一员，由此发现他好学能干、能够沉下心来奋斗，于是就提拔他为项目组负责人。之后，在华为给他安排更多工作的时候，他也毫无怨言，一样认真负责。从站点工程师到实施经理，Osama 的绩效一直都是 A。而 Osama 的付出也没有白费，他因为自己的努力和付出，接二连三升职，获得了数倍于同龄人的收入和荣誉。

任正非表示："越艰难的地方，越能锻炼人。"所以，当我们希望得到更多工作机会、获得更多报酬的时候，一定要意识到奋斗的背后是希望和快乐。只有去奋斗，去付出更多努力，才能收获更大回报。

8.2　思想上持续艰苦奋斗，保持进取心

思想不经磨炼就容易钝化。那些善于动脑筋的人，会越来越聪明。在一个思想上持续艰苦奋斗、保持进取心的人的眼里，他的成果永远是不完善的，需要不断的优化。当一个人每天都充满去改进的欲望、不断优化自己的工作的时候，他就能取得好成绩。

8.2.1　人的怠惰是从思想开始的

北京大学心理学系的沈政教授研究调查发现，现代人的"懒"主要分为三种：第一种是思想怠惰，表现为懒得动脑思

考；第二种是心理懒惰，表现为没有目标，不思进取；第三种是行为懒惰，表现为行动力差，明知要做某事却不去做。

这三种懒惰中，最根源也最为严重的是思想上的怠惰。当一个人脑子里一点想法都没有，甚至懒得去动脑的时候，就不用说建立目标、积极上进或者采取行动实现自己的目标了。

华为曾经因为其内部论坛上的一个帖子被广泛议论，发帖人称华为会把年龄超过34岁的老员工辞退。此消息一出，全国都在传播"华为裁员"的消息，多数网友表示华为的这种做法不近人情。一时间，关于职场人"中年危机"的话题不断，由于热度过高，甚至影响到了华为公司的声誉。

不久，任正非出面表明对34岁以上的员工"一刀切"式的裁员完全是无稽之谈。他解释华为的确在清退一些老员工，但并不是以员工的年龄为标准，而是以员工能否保持进取心、不断为公司创造价值为标准。

任正非指出，有些员工加入华为时间一长，手里有些股权并且每年都能拿到非常可观的薪酬收入，于是就不再想着要努力工作了，他们随随便便应付工作，每天没做多少事情，钱倒是不少拿。更为严重的是，这部分应付了事的员工在安逸日子过久了之后，不再有奋斗精神，思想逐渐懈怠，导致行为上出现怠惰现象，连本职工作都做不好，华为要清退的就是这部分人。任正非说："那些30多岁不努力、躺在床上数钱的人，问问那些在恶劣地方工作的员工，他们愿不愿意养这些闲人？"

其实，不只是华为公司，任何一个公司都不会花钱请一个闲人在公司享福的。作为职场上的一员，我们必须要明确的一点是，我们的思想开始懈怠的时候，就是我们的职业出现危机的时候，因为一旦思想松懈，就会很快体现在自己的工作行动中，那么我们要面临的可能就是被裁员的局面。所以，我们要在思想上坚持艰苦奋斗，以积极进取的状态工作。

8.2.2　思想上持续奋斗是个人成长的动力

华为公司提倡思想上艰苦奋斗，什么意思呢？任正非曾表示，一个人在职场上能够获得巨大成就，一定不是因为他目前的工作做得好，而是因为他在所有人中工作做得最好。因此，作为职场人，我们必须保持进取心，持续成长，因为如果不能不断超越自己，过不了多久就会被别人超越。也就是说，如果你的思想不提高，别人的思想就会超过你。只有不断地超越自我，思想进步最快，才能保证自己一直处于优势地位。

———职业管理理论———

马太效应

美国科学史研究者罗伯特·莫顿归纳"马太效应"为："任何个体、群体或地区，在某一方面（如金钱、名誉、地位等）获得成功和进步，就会产生一种积累优势，就会有更多的机会取得更大的成功和进步。"

马太效应指的是强者愈强、弱者愈弱的现象，被广泛应用于社会心理、教育、金融等领域。

任正非提出的思想上的持续奋斗与"马太效应"中的积极方面非常相似，说的是只要一个人努力让自己变强，他就会在变强的过程中受到鼓舞，从而越来越强。

所以，我们在职场上一定要保持思想上的艰苦奋斗，除了横向比较，还应该与自己进行纵向比较。

2015年年中，华为的挪威客户集团高层提出希望在华为的帮助下实现在无线技术领域的新突破，于是华为项目组与客户签署了全球第一个4.5G网络的项目。

由于时间紧迫，华为项目组成员都全身心投入工作之中，在规定时间内完成了站点规划、设备发货、安装等工作，在客户的协助下提升了项目的运作效率。实际上，华为项目组已经实现了500Mbit/s的吞吐率，已经高出现网能力了，但是华为项目组的负责人成渝方（化名）认为既然做的是全球第一个4.5G网络，就应该不断挑战最高水平，不断去摸索并解决所有的问题，去实现一个个的"不可能"，实现1Gbit/s的目标。

于是，成渝方号召项目组的全体成员一起完善整个新技术的网络环境，并且优化系统。项目组进行了全面的关站排查，解决了对站点干扰较大的影响因素，最终把速率稳定在900Mbit/s左右。成渝方还对周边的站点进行了网优工作，"榨取"一切可能的吞吐率。经过参数优化和几轮调整之后，站点吞吐率终于稳定到了1Gbit/s。

如果不是成渝方的坚持，华为项目组不可能将项目做到如此极致完美，可见在思想上坚持奋斗是做好工作的动力。

当我们在事业上小有成就时，往往会产生我们的艰苦奋斗已经取得了胜利的错觉。实际上，我们离真正的成功还有一段距离，我们要目光长远，看到自己和更优秀的人之间的差距，想想自己还有没有可以提高的地方。只有保持思想上的持续艰苦奋斗，我们才能长期保持积极进取、不甘落后的态势，才能不断完善自己，获得成长。

8.3　长期艰苦奋斗，拒绝小富即安

当我们熬过工作之初那段艰苦的日子，累积了一定的财富和工作经验之后，会走进工作的舒适区。有的人会选择小富即安，过安逸的生活；有的人会选择继续奋斗，不断追赶。在高速发展的时代，我们选择安逸，很有可能陷入死胡同，唯有坚持奋斗，我们才能紧跟时代的步伐，不被时代抛弃。

8.3.1　安逸是成就事业最大的阻碍

华为公司非常注重培养员工长期艰苦奋斗的精神，使员工保持积极进取的工作状态。为此，华为公司常常开员工动员大会。此外，任正非还去世界各地考察了多个顶尖公司，并将这些经验分享给员工。

任正非在美国考察时期曾访问了众多行业巨头企业，包括IBM、贝尔实验室等。他发现这些企业中的优秀员工都有一个共同的特质，就是忘我的奋斗精神。

任正非将他在美国观察到的现象记录下来，总结成了《我们向美国人民学习什么》一书。他指出，在这些顶级企业中，越是成就斐然的精英就越是奋发向上，坚持长期奋斗。贝尔实验室的科学家浑然忘我，每天都忙忙碌碌，走到哪儿就写到哪儿，甚至在衬衣上写满公式和实验记录。美国科技公司的研发人员更是"疯魔"，他们就像上了发条，所有人都非常敬业，全身心投入到工作中，充满激情，一直朝着事业成功的方向努力。任正非表明："拼命奋斗是美国科技界普遍的现象。"

这些美国顶级科技公司的精英的事业已经小有成就，足够支撑他们过上比较安逸放松的生活了，但是他们没有选择小富即安，而是长期坚持奋斗。因为他们知道，自己的事业还能更上一层楼，自己的职业发展还能继续突破，继续努力的话，可能会取得更大的成就。

对于还在职场上升阶段的我们而言，更是如此。如果满足于一时的成就，选择了安逸度日，那么我们很有可能变得越来越懒惰，从而无法沉下心做好手里的工作，最后很有可能像"鲶鱼效应"中的沙丁鱼一样，要面临被职场淘汰的局面。

职业管理理论

鲶鱼效应

挪威人很喜欢吃沙丁鱼，活的沙丁鱼在市场的价钱很高。但是，当地的渔民发现，当他们把捕到的沙丁鱼带回渔港时，只有很少的沙丁鱼能存活下来，原因是沙丁鱼很懒，返航的路途又长，因此大部分沙丁鱼会在鱼槽中窒息而亡。

为了避免这种情况，有一名船长每次在捕鱼时总把装满沙丁鱼的鱼槽里放几条沙丁鱼的天敌——鲶鱼。鲶鱼进入鱼槽之后，由于环境陌生，四处游动。沙丁鱼见了之后便十分紧张，于是加速游动，四处躲避。如此一来，沙丁鱼便能活蹦乱跳地被运回到渔港。这就是"鲶鱼效应"。

这种现象其实常发生在职场环境中。当我们适应了职场的环境，很容易变成"懒惰"的"沙丁鱼"，但是并非所有的公司都会像那名船长一样从外面引进"鲶鱼"来刺激我们。如果自己不正视这个问题，那么这将成为我们事业发展最大的障碍。

所以，我们一定要时刻警醒自己，时刻保持奋斗精神，拒绝小富即安，拒绝盲目安逸。

8.3.2　反骄破满，坚持走艰苦奋斗的道路

我们工作一段时间之后，会感觉工作能力有所提升，这在我们的收入水平上也会有所体现，这往往是我们最应该坚持奋斗的时候，因为坚持努力，我们很有可能会取得更大的突破。但是有一些人会因为暂时取得一些成就而骄傲自满，认为自己已经具备承担更大职责的能力，不需要再辛苦扎根于工作中，最后与机会失之交臂。

华为作为国内的电信巨头企业，聚集了十几万名员工为公司的发展贡献力量。对于每一个华为人而言，要从众多竞争对手中脱颖而出，并非一件容易的事情。那么作为公司是如何看待人才选拔这件事的呢？

任正非多次在内部会议中强调："选拔人才注重人的大节，就是要敢于奋斗、不怕吃苦，不要小富即安。公司有些人目光短浅，好不容易赚两个钱后就要移民加拿大。他没有志向，为什么要选他做干部？叫苦连天的干部也不要，美国情报委员会文件一出，少数人叫苦连天，说他的项目受影响，这么快就影响了？怎么可能？这种贪生怕死、没用的胆小鬼，为什么要用他？选拔干部的方法一定要变。一方面，组织要看到干部的长远性，不要总抓住缺点，要给予改正的机会；另一方面，干部要严格控制自己的欲望，要看长远利益，不要看蝇头小利。"

和华为一样，大多数公司在选拔人才方面要求员工有远见，能吃苦。在互联网时代，所有人都能在短时间内接收大量信息。只要我们能够多努力，多践行，总能提升自己的能力。而坚持长期艰苦奋斗的人，更是会比别人进步得快一些，能够承担起更重要的职责，被公司重点培养。所以，我们一定要看到机会，反骄破满，沉下心来扎实工作。

第 9 章

严谨认真，准确地做事

在工作中，我们可能会遇到很多问题。我们面对工作的态度不同，最后取得的结果也不一样。如果我们能够事先制订工作计划，并且瞄准目标，认真准确地做事，相较于那些没有计划、手头有什么事情就做什么事情的人来说，我们的工作效率和工作质量一定会更高。

对职业成长的思考：

1. 如何把自己的工作做好，让工作富有成效？

2. 现代职场中，"工匠精神"是否依然重要？

3. 如何通过自我管理提升自己的工作效率？

9.1 做事要有计划，谋定而后动

除了要做好自己的工作，我们还要学会用科学的方法做事。对于任何企业而言，那种只说不做或不能根据计划做好工作的人是不会得到提拔和重用的。所以，对于我们每个人而言，一定要有管理头脑，会管理时间，有计划、有条理地安排各项事务，提高工作效率。

9.1.1 对事的管理上，要做好计划

孙子兵法中有"谋定而后动"的说法，《礼记·中庸》中也有"凡事预则立，不预则废"的名句。它们都是在讲计划和准备的重要性。在追求效率的职场上，充分的前期准备更是做好工作必不可少的基础，我们每个人都要学会做好计划再工作。

付旭照是华为巴西利亚办事处的项目经理，负责子项目群交付与平台管理工作。最初他接手办事处项目的时候，办事处正处于"百废待兴"的状态，本地的核心员工纷纷离职，项目组随时面临解散局面，建设队伍更是处于停工的严峻状态。再加上已有的项目状况连连，项目组连续几个月被客户投诉。

付旭照只好亲自去拜访了客户。在他做完自我介绍后，客户没有与他握手，而是从桌下拿出一个防水软管做的大棒，态度坚决地表示，希望华为能够在一定期限内整改项目。

付旭照回到办事处后整理了自己的思绪，他发现项目组之所

以出现混乱状况，是因为没有一个合理的计划督促各个团队按部就班地实施工作。于是接下来的两个月里，他带领项目组集中到客户处联合办公，制订改进计划，和分包商沟通增加队伍，每周改进一点，从第三个季度开始月度交付终于达到客户要求。

完美解决项目组出现的问题之后，付旭照感慨道："救急是止血，持续改进是关键，计划能力提升更是关键中的关键。"

华为项目组在与客户、分包商的共同商讨下，对项目涉及的各个流程提前制订了计划，使得项目在开展的过程中避免了很多无用功，大大提高了项目执行的效率，不仅为客户提供了更为准确的服务，而且也为团队节省了许多时间和费用，实现了双赢。

职场人士，尤其是那些刚进职场的年轻员工，在对事的管理上，要做好计划，要合理分配自己的工作，合理规划工作节奏，保持张弛有度的工作状态。每当我们"攻下"一个"山头"后，要认真总结经验，再做好"攻占"下一个"山头"的计划。这样才能更好地提高我们的工作技能和效率，培养工作中的自信心、成就感。

9.1.2 找准关键节点，梳理工作计划

由于经验不足，我们很多人刚开始工作的时候会存在一种急于求成的心理，一旦任务发布下来，就急于把工作快速完成好。但是在真正执行的过程中，会发现这种方式反而使得工作效率变得更低。所以，我们在工作之前一定要明确的一点是，一开始工作的时候速度不一定要快，但是一定要保证质量一步到位。我们

可以先抓关键节点，然后有计划、有步骤地展开工作，要"谋定而后动"。

林海是华为GTS（全球技术服务）管理服务部的一员，入职三个月后就被公司派驻非洲，负责一个管理服务项目的交付工作。当时华为的管理服务业务还在起步阶段，林海更是没有多少相关的工作经验。

林海知道自己没有时间可以耽误，所以连熬几个夜去补习相关的业务知识。除了向客户澄清需求、找分包商了解交付情况，他还查询各个设计交付模板的情况……三个月之后，林海终于梳理出项目的关键节点，并逐渐厘清头绪开始做工作计划，解决关键节点的问题。

于是，林海委托专家找到高比例油机告警的解决方案；并且制订了油耗上限承包制，以此来杜绝盗油；此外，他还协助分包商减少下派到区域的人员来降低成本……这一系列的计划梳理清楚之后，项目组各个成员开始按部就班地工作，并在工作中有了成效：油耗降低了20%，网络可用度提升了3个百分点。最终，华为项目组与客户顺利续签合同，林海所在的项目组总结的案例还获得了GTS案例一等奖。

林海之所以能够扭转混乱的局面、顺利完成项目工作，就是因为他能够抓住关键节点，梳理出解决问题的步骤，并一步步按照计划执行。

我们每一个人都应该建立一种科学工作的意识，做好工作计划，尤其要找准工作的关键点，以此为重点来梳理自己的工作步骤。

9.1.3 对各个业务流程进行端到端的规划

美国管理学者詹姆斯·哈林顿曾说："量化是管理的第一步，它导致控制，并最终实现改进。如果你不能量化某些事情，那么你就不能理解它。如果你不能理解它，那么你就不能控制它。如果你不能控制它，那么你就不能改进它。"所以，我们在工作之前，一定要先做好流程规划，量化自己的工作。这个阶段我们可以借用一个管理工具来实现工作的量化。

——职业管理工具——

PDCA管理循环

著名的PDCA原则是一种风靡东西方管理界和思想界的计划流程，它不但可以指导公司、团队和项目的正常运行，也可以用于规划自己的工作和生活。

PDCA是英语Plan、Do、Check、Action的缩写。

P（Plan，计划）：明确问题并对可能的原因及解决方案进行假设。

D（Do，实施）：实施行动计划。

C（Check，检查）：评估结果。

A（Action，处理）：如果对结果不满意就返回到计划阶段，或者如果对结果满意就对解决方案进行标准化。

我们在工作中可以借助PDCA管理循环这个工具，帮助我们通过一种合乎逻辑的工作程序又快又好地完成自己的工作。

按照这种端到端的规划，我们不仅能够整理出实现工作目标需要采取的措施，而且还能够在计划制订之后按照计划对自己的工作进行检查，并以此来总结经验，从而将经验和教训形成标准、形成制度。

2015年7月28日，华为负责的泰国项目实践系统成功面世，项目组的产品主管许日海也参与了此次全球发布会。看到这个项目的成功，许日海深切感受到做好项目规划的重要性。

2012年，泰国3G牌照即将发放，泰国业务量面临井喷。许日海被派往泰国，成了项目的产品主管。就在许日海和项目组准备大显身手的时候，泰国方面突然宣布3G牌照要延期发放，也就是说项目组将面临无事可做的局面。

许日海在短暂的迷茫之后，组织项目组成员利用这个空窗期做好端到端的业务规划，争取一次拿下项目。于是，华为项目组端到端地仔细梳理了各个业务流程的每一个细节，并且进行了大量的沙盘推演，打通了从站点物料供应、分包资源、站点建设到商用的全流程，以保障项目能够顺利进行。

2013年年初，泰国AIS成功拍下了3G牌照，客户提出在一个月内完成1000个站点的交付工作，以及实现100%上站检查的质量要求。面对这个几乎不可能实现的挑战，许日海的团队因为对各个业务流程有了端到端的规划，所以很快实现了客户的要求，得到了客户的认可。而许日海的项目组也在一年之内连续获得了8个各级项目奖项和多个表彰。

如果我们对一个项目或手头的工作有详细的规划，能够把所有业务流程梳理清楚，那么我们的工作就会更加得心应手。为了提高自己的工作效率、很快完成自己的工作、提高工作的质量，我们在工作之前一定要尽可能地对各个业务流程进行端到端的规划，争取能够一次性把事情做好。

9.2　精益求精地完成每一项工作

华为轮值董事长郭平说："华为的文化是'你做好一件事，你就有机会做更大的事'。"这一点对于处于职业发展阶段的我们非常重要，我们必须精益求精地完成每一项工作，以便能够得到更多机会，扩展自己的发展空间。

9.2.1　学习精益求精的工匠精神

任正非在访问美国多家企业之后，深感美国人踏实专一的工作态度和精益求精的工匠精神是值得所有企业的工作者学习的。他回国之后立即召开了员工动员大会，号召所有的华为人要对工作保持钻研与认真精神，把自己的工作做好做精。

身为职场奋斗者的我们追求工作成果，希望得到公司的认可，实现自己的价值。但正如任正非强调的那样，只有我们秉承着精益求精的工匠精神，我们才能真正做好自己的工作，实现自己的目标。

华为公司成立西安研究所第一支维护团队的时候，公司内部

没有那么多专业的维护人才，于是华为从各个项目中抽调骨干专家，让他们负责产品的技术支持、备件等工作。

虽然这些骨干专家在原本的岗位上已经非常出色了，但是到了新的工作领域，一切都只能从头再来。但还没等西安研究所维护团队的成员熟悉工作流程，客户就找上门来了。由于华为的无线设备呼叫接通时间比竞争者多3秒，用户体验受到影响。接到客户投诉的项目负责人王开（化名）面对这个难题决定不管如何都要守住产品质量的防线。

于是，王开带着团队成员一步一步地排查，最终把问题定位在MEM单板上。当时华为公司的MEM单板库存不够，再加上很少有人维护，王开只能和团队成员一起一行一行地核查代码。很长一段时间里，王开的桌子上堆满了单板，他也总是从天刚亮忙到凌晨两三点，中午也不休息，就为了能够将工作处理好。

四个多月的优化升级之后，王开提供的新版本经过测试，呼叫接通时间缩短了4秒，比竞争者还少1秒。王开和他的团队守护了华为产品的品质。

其实，王开能够成功做好这项工作，没有什么诀窍，就是秉承着匠人精神，目标坚定，精益求精做好产品。

我们每个人都应该学习这种精益求精的工匠精神。在这个社会上，要得到认可和赏识，一定要有本事。本事怎么学会呢？要靠我们自己深入钻研，以匠人的专注做好每一项工作。

9.2.2 从细节入手，不放过任何问题

任正非曾指出，现在的职场人最大的优点就是聪明，最严重的问题也是因为太"聪明"了。

的确，大多数人在进入企业、接受培训之后，能够轻松地融入工作环境，甚至能够不费什么力气地完成自己的工作任务。但也正是因为我们"聪明"，有时候会产生"不需要努力工作，也能应付过去"的想法。于是，不再关注工作的细节，只求尽快完成任务，而积累的问题越来越多，最后我们想补救都来不及了。所以，我们从一开始就要保持敬畏心，认真对待工作，不放过任何细节。

2017年，周二虎进入华为的万级无尘室工作，主要负责光信号传输系统设备核心部件的生产工作，这种产品有着联通世界的功能，相当于人体的心脏，对操作者的技能要求相当高。

周二虎一开始负责的工作是熔纤。他的导师给他示范几次之后，他认为这项工作并不是很难，只是需要操作者专心手头的工作，于是他信心满满地开始做50个熔点的熔接工作，但是50根光纤中49根没能成功穿过套管，唯一的一根"幸存者"也在之后断裂了。

周二虎的导师见状走到他跟前，表示他还需要更专注，要把每一个细节都做到位，并且重新示范了一次。周二虎注意到导师在整个作业过程中都保持全神贯注的状态，并且精准控制自己的力量，在剥纤环节"稳、准、狠"地一击即中，顺利完成了熔接工作。

在第二次的练习过程中，周二虎一直全神贯注，在熔接过程中小心翼翼，保证剥纤长度不超过0.8毫米，并且蘸取少量的酒精擦拭光纤，避免产生气泡，然后将光纤压平，使切割角度更加平整。周二虎把熔接工作的每一个细节都做到位，最终成功完成了他的熔接工作。

可见，只要我们能够从一点一滴的细节做起，就一定能做出非凡的成果。实际上，我们在日常工作中要想坚定不移地贯彻这种工作精神，就一定要把精益生产落实到工作的每一个环节，落实到我们的思维和动作。我们可以借助管理学中的精益生产方式来帮助我们实现精益化工作。

职业管理理论

精益生产方式

精益生产方式生产出来的产品品种能尽量满足顾客的要求，且这种生产方式要求消除一切浪费（人力、物力、时间、空间），追求精益求精和不断改善，去掉生产环节中一切无用的东西。

实施精益生产方式就是追求完美、追求卓越，就是精益求精、尽善尽美，为实现终极目标而不断努力。它是支撑个人与企业生命的一种精神力量，也是在永无止境的学习过程中获得自我满足的一种境界。

当我们工作的时候，可以借助精益生产方式评估我们是否真

的将自己的工作做得尽善尽美，是否将工作的每一个细节都处理好，让自己的工作不断增值。

9.2.3　把每一件事都做到精彩绝伦

苹果公司的联合创始人乔布斯说："这辈子没法做太多事情，所以每一件都要做到精彩绝伦。生活就是一件让人倾尽全力、充满智慧的作品，一切都不能任意所为。"

当我们投入一项工作的时候，也应该有乔布斯这样的追求。只有我们把每一件事情都做到精彩绝伦，我们的事业才能有所积淀，我们才能有所成长。

伍漫波是华为2012实验室的资深专家之一，在华为从事硬件方面工作的20多年时间里，她一直秉承着精益求精的工作态度，将所有的工作都做到极致。

2011年，伍漫波担任高速设计小组技术负责人，她坚持认为"产品质量是设计出来的，细节决定成败"，所以从器件选型到PCB（印制电路板）设计，所有环节的工作她都争取做到至善至美。

为了做好产品升级工作，伍漫波主动出差到各地向各个供应商学习取经。由于客户对网板高速SerDes芯片的电源纹波要求很高，伍漫波还直接包揽了电源供电系统的所有细节工作，包括电容选用、电容数量、层叠、布局、走线等。伍漫波将做好的板子带回公司测验的时候，其他产品线的工程师还觉得升级的板子不可能达到厂家对纹波的严苛要求，但是用示波器进行检测之后，所有人都被极佳的测试结果折服了。

伍漫波追求极致的工作态度，使得她最终做出了客户需要的产品。产品投入使用之后，稳定运行三年多没有出现任何问题，这款产品还在2016年获奖。

伍漫波三年前做的一项产品能在三年之后收获奖项，可见我们做好每一件事情，都会在未来有所收获。也许并不是非常直观的奖励，但一定会反映在个人的能力提升和成长上。只有当我们秉承着将每一件事情都做到精彩绝伦的理念去工作，我们才能够距事业成功更近一步。

9.3　做好自我管理，提高工作效率

每个人都希望将事情做好，而如何把事情做好，却少有人知。管理大师彼得·德鲁克曾说，当我们工作的时候不能找到适合自己的工作方式，也没有按照工作计划快速执行的话，就无法创造出应有的绩效。所以，我们每个人都应该基于对自我的认识，做好自我管理，高质高效地完成自己的工作。

9.3.1　严格执行工作计划

对于职场上的每一个人来说，严谨的计划集成理念、高效的运作，可以使我们的工作计划准确率逼近100%。我们的计划准确率越高，我们的工作效率也就越高，这样我们的工作模式也会相对简化，往后的工作也就能够形成良性循环了。

所以，在做好计划之后，我们需要严格按照工作计划来执行，以期达到最好的工作效果。

2014年，华为项目组负责德国电网的搬迁项目，这个项目的客户对象是德电集团的本国子网，在市场的地位毋庸置疑。这也是华为在西欧一线网络的一次重大突破，重要性可想而知。就是这样一个至关重要的项目，华为项目组在悄无声息中顺利完成了全部工作，没有出现任何坎坷。项目完结两年都没有出现客户投诉现象。

华为项目组是如何做到的呢？当时项目经理贾岭在项目还未正式开启之前就花了近半年的时间和客户一起讨论交付策略、交付流程、主计划和技术方案。项目正式开启之后，贾岭带领项目组所有成员一起严格按照计划执行，最终得以几无偏差地实现项目任务，且工作质量非常高，客户的评价也非常高。

贾岭带领华为项目组完美实现搬迁德国电网的项目，不仅取得了网络质量保持全德第一的好成绩，最后自己也获得了华为的"GTS全球专业技术领军人物奖"。

我们每个人都应该从贾岭的工作经验中看到严格执行工作计划的力量，在自己的工作过程中以严谨细致的态度按照流程和计划去严格执行，围绕计划实现模板化、标准化、精细化的工作，以此节约大量的时间，减少大量的不增值的重复劳动，创造出更大的价值。

9.3.2　追求良好的管理方法与手段

美国古典管理学家弗雷德里克·温斯洛·泰勒是科学管理的创始人，被管理界誉为"科学管理之父"。他曾在一家工厂做学徒，并先后被提拔为车间管理员、技师、小组长和工长，甚至最后成了这家工厂的总工程师。也正是在这家工厂的经历使他对工人的工作状态非常了解，他意识到缺乏有效的管理方法和手段是工人普遍怠工的原因，于是，他探索出了科学的管理方法和理论，并逐渐形成其管理体系——科学管理。

————职业管理工具————

科学管理

弗雷德里克·温斯洛·泰勒在他的主要著作《科学管理原理》中阐述了科学管理理论。他认为科学管理的根本目的是谋求最高的工作效率，要达到最高的工作效率的重要手段是用科学化的、标准化的管理方法代替经验管理。

泰勒的科学管理理论，使人们认识到科学管理是建立在明确的法规、条文和原则之上的，它适用于从最简单的个人行为到经过组织安排的大公司的业务活动的人类各种活动。

泰勒之所以能够快速从一个基层的工人成长为总工程师，就是因为他意识到了科学管理的重要性，并且在自己的工作中运用

了科学的管理办法，使得自己的工作效率大大提升，让自己能够快速成长。

对于希望能够快速在职场上找到合适的工作方法，并实现个人成长的人来说，一定要追求更好的工作管理方法和手段，以科学化的工作手段代替低效率的工作方式。

任正非在《华为的冬天》中写道："一个新员工，能看懂模板，会按模板来做，就已经国际化、职业化了。各流程管理部门、合理化管理部门，要善于引入各类已经优化的、已经证实行之有效的工作模板。要想流程清晰，减少重复运行的流程，工作一定要模板化。一项工作能达到同样绩效，却少用工，又少用时间，这才说明我们进步了。"

正如任正非所说，如果我们能够使用科学的模板指导自己的工作，那么我们就能够分工明晰、减少重复工作，高质量高效率地完成自己的工作。当公司不能提供有效的科学工作模板的时候，我们要学会自己去总结出更好的工作方式。

第 10 章

善于总结，一点一点改进

任正非与员工座谈时说，要是只有一把丝线，是不能抓到鱼的，一定要将这丝线结成网，这种网有一个个的网点，能帮助你捕捉到水中的游鱼。

同样的，作为职场上的一员，我们也要通过不断地总结，形成一个一个的网点，进而结成一个大网，最终借助这些网点将胜利的果实收入网中。

对职业成长的思考：

1. 如何做好工作总结，以此指导自己以后的工作？

2. 如何看待失败的经验，从中找到改进和成长的空间？

3. 如何优化自己的工作流程，以取得更好的工作成果？

4. 如何肯定自己的小进步，激励自己做出更大的努力？

10.1 不怕犯错，给自己试错的机会

任正非曾在新员工大会上表示，他唯一的优点就是没有面子观，做错了事情就立即改正，虽然一路上有过很多走岔路的时候，但是也给了他更多可能。对于事业刚刚起步的我们来说更是如此，只有不怕犯错，我们才能找准正确的方向，多给自己试错的机会，我们的未来才有更多机会。

10.1.1 人都是从犯错中成长起来的

大多数人在入职之前都会做很多准备，让自己尽量少在工作中犯错，我们的确需要对工作保持谨慎认真的态度，避免一些低级的可规避的错误。但是我们也不要太过于紧张，不要觉得在职场上一点错误都不能犯。这样将导致自己工作起来畏首畏尾，施展不开。

其实，犯错没有想象的那么严重，谁能保证自己什么错都不犯呢？没有人是一贯正确的，如果我们能够在发现错误之后及时改正，并且从错误中发现自己不够完善的地方，就能不断学习到新的东西并得到成长。

"今年过节不收礼，收礼只收脑白金！"凭借这句朗朗上口的广告词，脑白金成了逢年过节大家都爱买的保健产品，而史玉柱也正是凭借脑白金和网络游戏《征途》重回巅峰，不仅还清了欠下的2.5亿元巨款，还转身成了身价近200亿元的企业家。

在此之前，史玉柱遭遇过"巨人大厦"的倾塌。当时凭借软件一举成功的史玉柱，因为决策错误，把保健品业务的全部资金用于修建巨人大厦，导致保健品业务经营不善，迅速走上下坡路，而史玉柱也从富豪榜上跌落，成为负债2.5亿元人民币的"负豪"。

史玉柱在巨人集团破产之后痛定思痛，反思自己在上一次创业中的失误，并成功推出了脑白金，重回保健品市场。在脑白金成为家喻户晓的知名品牌之后，史玉柱又推出一款网络游戏——《征途》，不断寻找这款游戏的不足之处，发现不好的地方就立马修改，就这样不断试错、纠正，《征途》变得越来越好玩，成了脑白金之外的"吸金"产品。

史玉柱也随之重回巅峰。

商业巨人史玉柱在关键决策时犯的错误几乎造成了不可挽回的局面，但是面对这样的局面，他没有回避自己犯的错，而是从消极情绪中恢复过来，积极地应对，最终从错误中成长起来，创造了事业的新巅峰。

我们每一个人在工作的时候，都有可能因为一些状况而失误，但是我们千万不要害怕犯错，不要逃避责任，我们只有正视自己的错误，在错误中看到自己的成长方向，才能改进工作，有所成就。

10.1.2　失败的经验是创新成功的来源

工作一段时间之后，我们往往会摸索出一套自己的工作方法。举例来说，就像从甲地去乙地一样，我们永远只走一条路，并且认为这条路就是最好的路。如果有一天，我们在一个岔路口走错了方向，说不定会走出一条新的路，这条新路依然能帮助我们走到目的地。当我们多经历几次"走岔路"后，我们有可能会找到更好的、更方便的路。

对于需要创新的行业来说，更是如此。如果一直沿着自己习惯的道路走下去，也许不会出什么大错，但是没有错误便不会出现重大改进，创新也无法实现。我们也很有可能因为丧失创新能力，最终被时代淘汰。所以，我们不要害怕失败，要把失败的经验当作创新成功的来源，勇敢地去尝试更多可能。

华为研发团队面对互联网的冲击，在下一代电信网络的发展中出现了两种演进策略——ATM（基于电信的实时高可靠性传输技术）和IP（基于互联网的简单传输技术）的情况下，错误地选择了基于ATM的综合交换机，导致客户对华为的解决方案彻底失望，华为iNet被中国电信客户方彻底摒弃。

华为研发团队的巨额投入眼看就要全部打水漂，整个研发团队都陷入了绝望的情绪之中，但是华为没有责怪研发团队，而是激励他们再次出发，重新调整研发方案。

研发团队立即将战略方向进行了调整，决定选择IP技术，重做平台。新的平台选择了新的硬件架构，全面基于IP从头开始。华为在不到一年的时间里，完成了从操作系统、数据库到通信机制等基础功能的构建。最终产品在关键技术和性能竞争力上，大幅超越了竞品。华为最终得到了中国电信的宽容和认可，也赢得了和客户的合作机会。因为创新亮眼的设计，产品一经上市就大受欢迎。

任正非曾说："我们要进行创新，最大的可能是错误，而不是成功。"可见，当我们希望工作有所突破有所改进的时候，如果不宽容错误，就不可能实现真正的创新。因此，我们要宽容失败，不怕失败，敢于探索，从失败的经验中获得创新的灵感。

10.2　多记笔记，写总结，才能不断进步

随着信息时代的发展，我们获得信息的渠道越来越多，于是就越来越忽视个人工作经验的积累。实际上，对于个人来说，最有效的进步方法就是从自己的工作中积累经验，并记录下来做好总结，把好的工作经验和方法用到下一次工作情境中，促使自己不断进步。

10.2.1　勤于思考，学会归纳总结

很多人工作时间长了会倾向于简单执行，而不是动脑筋想想自己为什么要这么做，有没有更好的工作方法。如果我们将工作当成流程执行，就无法触及工作的内在机理，但我们工作能力的提升往往是对这些内在机理的思考与设计。所以，我们一定要多问多想多总结，提升总结经验与动脑思考的能力。

2015年，随着CT（通信技术）和IT（信息技术）加速融合，ICT（信息通信技术）行业迅速进入转型期，运营商遭遇了前所未有的竞争和挑战。

张文涛是一名传统的一线客户经理，他的工作思维一直都是

二维的，也就是客户关系和项目运作。面对未来的冲击和挑战，他意识到以往的工作方式和思维方式无法适应新的工作环境。于是，张文涛开始总结以往工作方式的优劣之处，并开始思考新的商业模式、交易模式及商业画布里的"九宫格"等方法论，系统地学习如何在新的工作背景下经营一个项目、与客户做生意。

由于张文涛勤于动脑，并且归纳总结出了更好的工作方式，所以他能够收获成长，得到进步，更好地与客户建立合作关系，并最终获得了华为公司的金牌个人奖。

我们在工作中，一定要能够阶段性地对工作经验和工作流程进行总结和梳理。随着时间的积累，我们会发现这些都是宝贵的经验，并且能够在关键时刻发挥出极大的作用。

通过独立思考，我们对工作有了自己的分析与认知，并不断从以往的工作中总结、归纳经验，丰富与完善自己的分析与认知。这样我们才能把其他的要素有效调动起来，并发挥出这些要素的作用。

10.2.2　多总结，不断优化工作流程

"仁者如射"的典故就是讲射箭的人摆好姿势把箭射出去，如果射不到，不要埋怨客观原因，而要反躬自省。《荀子·劝学》中也有"君子博学而日参省乎己，则知明而行无过矣"的说法，意思就是要学会总结。我们在职业成长阶段，也要养成多总结多思考的习惯，梳理清楚流程，优化自己的工作。

2014年，华为GTS规划优化六级专家谢智斌获得了"年度

GTS全球专业技术领军人物奖"。在与新员工分享心得的时候，他表示，"及时总结、优化工作"是一个员工的必备素质，同时还分享了他的工作经历。

当时，华为公司高价拿下了阿联酋和香港的3G商用网络，谢智斌负责的是香港的3G商用项目，但是他很快就发现由于缺乏系统的资料来指导项目网规网优交付，工作无法顺利展开。这也就意味着这两个商用局项目难以顺利交付。

于是，谢智斌和项目组成员一边交付香港的3G项目，一边把交付流程和遇到的问题总结整理成指导书，并在项目上进行验证和优化，形成了第一版网规网优指导书，为后续的交付工作打下了初步基础。而阿联酋的项目也是借助谢智斌的指导，才得以顺利交付的。

从那以后，谢智斌开始意识到及时总结的重要性。往后不管进行什么工作，谢智斌都会主动寻找能够降低出错概率的流程、方法和工具，将其纳入技术方案，并以技术方案为载体不断总结经验，形成问题处理的标准动作。这样一来不仅大大提升了整个团队的交付效率，个人的能力也得到了锻炼。

像谢智斌这样高水平的专家和有潜力的人才都对工作有着独到的理解，能够从过往的工作经历中总结经验，优化自己的工作流程。所以，我们在职业发展过程中也要坚持"学习、实践、总结"，并且通过总结，找到更好的工作方法和规律，不断优化工作流程。

10.2.3　在成功和失败中总结经验，不断进取

围棋选手在棋局结束之后会复盘，尤其是在和高水平的棋手对弈之后，可以经过复盘从他人视角看到自己思考不到位的地方，并且学到高手的高招，将他的经验化为己用，下一次就能够比上一次更好了。

其实，棋局中的复盘也被广泛应用到职场上。当我们完成一项工作的时候，借助复盘的方法一点一滴地去回忆、分析我们的工作过程，可以从分析中得到一个更好的策略。

───── 职业管理工具 ─────

"复盘"方法论

柳传志提出的"复盘"方法论，即"目的性极强、分阶段实现目标、'复盘'"，是联想的重要方法论。首先，"目的性极强"是指凡事先厘清目的，保证做的是正确的事。然后，将目标进行分解，变得可执行，分阶段推进。在过程中，还要注意不断"复盘"，及时调整，并为更长远的发展积累经验，总结规律。

虽然我们在工作中不可能做到十分完美，但是我们可以借助这个"复盘"方法论找到做得不够好的地方，总结经验，在下一次工作的时候，不断改进。

2012年，华为南京研究所秘书部的迎新方式较往年有了很大变化。在两三年前，南京研究所的新员工接待工作是由各部门秘书分别完成的，秘书们到培训教室领回自己部门的新员工，需要各自预订会议室，再花上一两个小时给新员工讲解考勤、报销等工作要求和流程。几乎所有部门秘书都在同一时间忙碌着同样的事情，这就导致总有人因为工作冲突而影响接待。

华为南京研究所的秘书们发现接待工作效率极低之后，就经常在一起讨论如何提升工作效率的相关事宜。他们对各自工作进行"复盘"，在找出大家工作中最浪费时间精力的环节之后，开始改进新员工的接待工作。

最终，秘书们达成了共识，将新员工接待工作整合到了文秘服务台。只需一位秘书在新员工到来的时候出面，就能承接整个接待流程。从此，新员工初到公司再也不用到处找部门，部门秘书也不再各自为战、重复劳动。

华为南京研究所的秘书们集思广益，给新员工们提供了标准化、专业化、集成化的服务。华为公司给他们颁发了金牌团队奖，对他们的高效服务给予了最大的肯定。

其实，我们大多数人在日常工作中的最大浪费是经验的浪费，并且大多数时候我们都在无意识地浪费这些宝贵的经验。我们应该像这些秘书一样，从以往工作碰到的问题中总结出经验教训，并且利用我们的经验使我们的工作流程越来越顺畅，工作效率越来越高。同时，自己的能力也能得到更好的锻炼。

10.3　小改进，适当优化就是真正的创新

我们总是希望工作能够一蹴而就，一次性取得飞跃性的成果。实际上，大部分的工作需要我们一点一滴地积累经验，逐步挖掘出工作流程的可改进点，适当地优化。在此之前，我们要做的就是发挥"小改进"的务实精神，不断从细节处改进自己的工作。

10.3.1　发挥"小改进、大奖励"的务实精神

任正非曾表明，华为之所以能够吸引这么多优秀的人才，并且借助这些人才的力量实现华为的伟大目标，是因为华为能够适时地激励员工，使他们不断改进自己的工作，并且投入到下一次的工作之中。

2012年10月，在埃塞俄比亚电信网络扩容项目中，华为中标50%市场份额，并规模性进入首都中心区域，一举扭转了埃塞俄比亚市场格局，为公司带来了巨大效益。任正非亲自予以通报表彰，在给予项目组600万元项目奖励的同时，对重要贡献者潘国强、周建军、白利民等人分别给予个人职级提升1~2级不等的奖励。

企业会对那些能够将工作做好并不断改善工作的执行力强的员工给予物质奖励或者晋升机会。这正是抓住了员工在职业发展过程中渴望得到认可，并借此获得工作成就感和满足感的心理。

实际上，这也是期望激励理论提到的关键点，我们也可以借助这种心理帮助自己实现成长。

职业管理工具

期望激励理论

美国行为科学家爱德华·劳勒和莱曼·波特提出了期望激励理论，指出一个人得到的"激励"决定了他是否努力及其努力的程度，并且给出了一个模型：员工通过努力得到期望的激励→该激励能获得某种结果（比如奖金）→评价该结果的个人价值。

根据这个模型，一个人获得结果的个人价值越高，他就会更加努力地工作。

德国专家斯普林格在其所著的《激励的神话》一书中写道："强烈的自我激励是成功的先决条件。"也就是说，我们利用期望激励的心理，通过不断的自我激励，就能够使自己有一股内在的动力朝所期望的目标前进，并最终获得成功。

所以，每当我们在工作中取得了小小的改进和成绩，可以试着自己奖励自己，吃一顿好的或是给自己买一个一直想要的礼物，激励自己更加努力，争取获得下一次激励，通过这种"小改进、大奖励"的方式，激励自己务实工作。

10.3.2　不断改进本职工作，提升待遇

当我们的工作有了一个明确的目标，比如得到奖励、得到晋升的机会等，我们就会朝着这个目标不断完善自己的工作。如果我们的某种工作方式得到期望的结果，我们就会在类似的工作情境中进行重复，不断改进自己的工作，取得好的工作成果。所以，我们在工作过程中，可以适当地结合工作目标去尝试更多的工作方式，不断改进自己的工作。

2016年，华为第二季度考评谈话时，周伟民（化名）的主管暗示他做好SDH（同步数字体系）结构件计划工作对以后的发展大有裨益。

周伟民朝着这个目标不断前行，在这个过程中遇到了很多难题，走了一些弯路，但最终他通过与同事的紧密协作，不断探讨控制到货系统的填报原则与规范，不断改进控制到货系统的填报技巧，并在很短的时间内使SDH结构件的库存周转率从原来的15次/年上升到25次/年，为自己的工作创造了更大价值。周伟民的SDH结构件计划工作得到了许多领导的好评，他也成功地得到了公司的提拔。

很多人在工作中总是感到很迷茫：如何才能实现职业理想？是不是一定要为公司做出大创新才能提升自己的薪酬待遇？

事实上，从华为人的经验来看，成功很大程度上都来自对本职工作的不断改进。任正非说："在华为，必须多产'粮食'才能拿高工资，多产'粮食'才能当'将军'。'将军'是选拔

出来的，不是学习了就可以当'将军'，但是不学习肯定不能当'将军'。'将军'应该是打出来的，是选拔出来的。所以大家要积极努力，踏踏实实提高本职工作能力。"

所以，我们都要能够朝着目标，采取各种方式，不断地优化和改进工作流程和方法，取得更好的工作成果，提升自己的待遇。

10.3.3　持续挖掘业务流程的可改进点

很多时候，公司制定了工作流程，我们也按照规定的工作流程去执行，但实际工作过程中我们会发现有许多精力和时间的浪费，导致结果没有达到预期。

面对这些问题，我们要如何解决呢？其实，我们可以尝试从流程体系是否需要优化改进这一点上来考虑，不断改进自己的工作，挖掘业务流程的可改进点。

华为的商务经理杨娅飞在企业业务刚开始BG（事业群）化运作的时候，就发现业务运作模式差别较大，商务评审领域基本上不能用大平台的核算系统，只能靠手工核算评审。为了实现输出的结构百分之百的正确，往往一个人评审之后还要进行人工复核，这样重复的人工审核使整个工作的进展都十分缓慢。随着产品种类、业务单量的日益增多，部门现有人力已捉襟见肘，商务核算不可避免地成为评审流程的瓶颈。

2011年年底，华为公司的销售业务进入顶峰时期，各项目组一茬接一茬地投标，商务核算任务井喷。杨娅飞发现以往的工作模式无法很好地处理业务。她思考良久，认为实现IT化才能真正解决问题。

杨娅飞在紧张的工作之余向IT部门的专家求助，在杨娅飞和IT专家近半年的努力下，完成了多次IT化的攻坚和优化，商务核算IT工具和商务存储数据库终于顺利交付。新工具使得商务核算效率提高了50%，商务数据的存储效率提高了80%，且能确保商务数据的机密性。

工具开发出来后很快投入使用，也得到了同事的一致认可，一线业务人员也对快速核算支持表示衷心感谢，表示这个工具有效支撑了项目的"短、平、快"决策，助力业务精准出击。

就像食物有保质期一样，有些流程在一定时期内很管用，过了特定时间就是无用的了。正如任正非所说的："没有流程就保证不了质量，流程是质量之本。但是，业务流程随着时间和业务的变化，是需要不断优化的，只有业务流程不断优化和改进，华为的流程才不会死板和僵化。"

因此，我们在工作过程中如果发现业务流程有可以改进的地方，就要大胆改进流程，以便工作取得更高效率及更大效益。

第 11 章

遵从组织理性和制度规范

任正非说："无规矩不成方圆，华为需要灵活的运作机制和体系化的组织平台，这个机制和组织体系一旦确定下来，我们必须严格遵守。"

对于每一个职场奋斗者来说，身处一个集体，就必须要遵从组织的管理制度。唯有如此，才能在保证工作成果符合要求的同时，拥有良好的行事风范和精神面貌。

对职业成长的思考：

1. 如何加强自我控制，强化自己的规则意识？

2. 如何规范自己的行为，做到自律与他律的统一？

3. 如何优化重复性工作，提升自己的工作效率？

11.1　围绕企业价值观，规范个人行为

在职场中，如果我们不能围绕企业的价值观约束自己的行为，就无法建立规则意识，也就无法按照企业的要求呈现工作成果。所以，我们所有的行为表现，都要遵循企业的价值观，并以此来规范个人行为，这样我们才能减少工作中不必要的时间浪费和重复工作，高效高质地完成工作。

11.1.1　价值观规范我们的行为

作为职场中的一员，我们和集体中的其他成员有着共同的客户和同样的业务模式，我们在共同的业务模式上分工合作，共同创造价值，并且在集体取得成功之后，共享我们创造的财富。

在这个过程中，我们每个人的行为都受到公司价值观的指导，被公司的制度规范约束。当我们每个人都自觉遵循制度行事的时候，我们才能推动公司实现目标的进程，从而实现个人目标。

华为高管陈黎芳在加入华为之前在一个三线科研单位工作，当时大学生毕业后的工作是包分配的"铁饭碗"，但工作两年之后，陈黎芳放弃了稳定的工作，被华为的奋斗者文化吸引，成了华为的一名普通员工。

回忆自己在华为的奋斗史，陈黎芳表示，自己在华为工作二十几年，从一名普通员工一路过关斩将成为华为的董事，一路

的艰辛都已经模糊了，但她有一个很深刻的感悟，就是在每一次遇到挫折的艰难时期，她总是想起华为那些看似朴素的企业文化和价值观，想起华为人在这些价值理念引领下的坚持和奋斗精神，想起"以客户为中心，以奋斗者为本，长期艰苦奋斗，坚持自我批评"。这些陈黎芳在数十年的工作经历中亲身体会到的真正有着指导价值的行为指南每每都让她咬着牙渡过难关。

"加班""努力""奋斗"，这些在外人看来难以长期坚持的行为，陈黎芳和华为十八万名员工都坚持下来了，这都是基于华为文化和价值观的整合力量，是华为的价值观规范着华为人的行为、指引他们一路向前。

如上文提到的那样，所有的华为人在面对同样的问题时，都会秉承着华为公司价值观，做出同样的选择。正如阿里巴巴前COO（首席运营官）关明生曾说的，企业的价值观规范着员工的行为，这使得所有的员工在面对同样问题的时候有着同样的反应。

而作为企业的一员，当我们明确了工作的要求，也就是明白自己要围绕什么样的原则去工作的时候，我们就能够自愿为自己做出的承诺和选择做贡献，企业就有未来，自己的发展也能得到保障。

11.1.2　做到自律与他律的统一

每个企业为了规范员工的行为，都会建立一套制度，并不断完善这个制度，并且依靠这个制度来约束员工的行为，这就是他律。我们需要他律保证我们和公司的步伐一致，与其他同事一起朝着一个方向去实现共同的目标。同时，我们也需要做到自律，自己约束自己的行为，让自己在工作中创造出更大的价值。

2014年8月25日，华为欧洲供应中心组织了全员自律宣誓大会，希望借助这个机会增强员工的自我约束能力。欧洲供应中心的领导层首先用中文进行了宣誓。他们肩负着达成业务目标、传递公司核心价值观及选拔人才的责任，因此他们都宣誓："聚焦工作，持续艰苦奋斗，坚持自我批评；干部要有自我约束能力，管好自身，管好下属，管好业务内控；把所有的力量都聚焦在公司的业务发展上，接受公司审计和全体员工的监督。"

之后，供应中心的全体员工也进行了宣誓："服从公司的管理，严格要求自己的工作行为：恪守诚信，不私费公报；不窃取、不泄露公司商业机密，不侵犯其他公司的商业机密；不怠惰、不贪腐，敢当责，用心尽力做好本职工作。"

可见，华为人的工作离不开公司核心价值观的指导，也离不开他们的自我约束。在他律和自律达到高度统一的基础上，他们的工作成果能够淋漓尽致地体现出来。

这也是值得每一个职场奋斗者学习的地方，如果我们能够像华为人一样，在遵守公司制度的同时，自己也有一套严格的标准要求，我们就能够有高效的执行力，在最短时间内交出公司和自己都满意的工作成果。

11.2　培养对规则的敬畏之心

任正非曾表示，华为人的文化层次越来越高，这也就意味着大家的想法越来越多；有想法是好的，但是如果越过规则随意实践自己的想法，就会使得公司的管理混乱，整体的工作效率低下。

我们在工作的时候一定要明确一点：低效是因为对规则的漠视。我们一定要培养自己对规则的敬畏之心，在规则范围内按照自己的想法改进工作。

11.2.1　强化规则意识，拒绝取巧行为

很多人在工作过程中会存在一种侥幸心理，遇到自己不想处理或是觉得没有必要做的环节会选择忽略规则，按照自己的想法工作。眼下可能没有对自己的工作造成影响，但是不按规则来办事，就像是开车不遵守交通规则，迟早会出事的。

华为D产品组的所有成员经历过一段非常灰暗的日子。由于样板局暴露了基站，用户的投诉不断。产品组的开发经理立即组织了一支"救火队"赶往现场排查故障。

结合以往的实验报告和现场的状况，产品组很快分析出了问题的原因。原来华为D产品组之前为了赶时间，选择了投机取巧的处理方式，没有采用交换机测试，而是使用一个测试软件来测试。这种处理方式导致在测试环境中，测试结果没有任何问题，

但是在生产环境之中，问题就爆发了。

产品组的成员没有想到，一次"取巧"的行为竟然造成了如此严重的后果，最后只能付出数倍的努力去补救，才挽回了客户。

可见，当我们心存侥幸、不按规定的流程办事的时候，会埋下很多隐患，这些隐患暂时不影响我们的工作，但是会在不久之后成为我们工作最大的障碍，需要我们花费数倍的努力才能消除。

所以，我们一开始就要遵循公司的规定办事，加强自我控制，拒绝取巧行为。例如，我们可以通过建立自我效能来加强自我控制。

职业管理理论

自我效能

自我效能是个体对自己达到特定成就的能力的信念。在自我控制的实施中，自我效能具有关键作用。它决定了人们选择干什么；在他们所从事的事业中投入多少努力；在面对困难和失败时，他们能坚持多久；他们的思维模式是自我抑制的还是自我提高的；在应付困难情境时，他们经受多大压力和沮丧及他们从逆境恢复的活力。

萧伯纳也曾说："自我控制是最强者的本能。"如今工作中

充满了诱惑，我们很容易就选择投机取巧地工作，但是我们只有加强自我控制、坚持约束自己，才能真正做好自己的工作，获得自己想要的成果。

11.2.2　敬畏和遵守规则，造就成功

麦肯锡纽约分公司的一面墙壁上写着这样一句话：一旦有一次例外发生，便会有接二连三的例外发生，意外多了，就会成为常规和习惯。意在提醒员工要有对规则的敬畏之心。任正非也经常向华为人强调要敬畏规则、遵守规则。

"我们不需要热血沸腾，因为它不能为基站供电。我们需要的是热烈而镇定的情绪、紧张而有秩序的工作，一切要以创造价值为基础。我们要正视美国的强大，正视它先进的制度、灵活的机制、明确清晰的财产权、对个人权利的尊重与保障。这种良好的商业生态环境，吸引了全世界的优秀人才，从而推动亿万人才在美国土地上创新、挤压、井喷。硅谷那盏不灭的灯，仍然在光芒四射。美国并没落后，它仍然是我们学习的榜样。"

任正非的一番话指出，美国人对规则的敬畏和遵守，造就了创新的硅谷、强大的美国，而这种井然有序的工作方式正是值得每一个华为人去学习的。

2013年，华为心声社区的一位网友谈了自己对规则的看法。目前华为的产品质量出问题，很多人认为是流程规则有问题，质量回溯也喜欢在流程管理上找问题，企图在流程上增加一些检查点。但这位员工指出，华为不缺流程规范，缺少的是对流程规范

的遵守，缺少的是严格执行。

某个流程的人不遵守规则，就会导致上下游相关人员的工作都游离在规则之外，为不遵守规则返工，耗时耗力。有的人就感觉缺少规则或者认为当前的流程规则不全，要补充新的规则；有的人，认为规则不对，用各种理由破坏掉，比如客户的要求等。

华为这位员工一针见血地指出了华为内部存在的一些不遵守规则的现象，其意在警醒广大华为人能够遵守和敬畏已有规则，而不是破坏它们。

对于规则，阿里总裁马云也说过，一个人只有遵守规则，在合理的规则之下实现突破，才能取得成功。可见，我们想要造就成功的事业，就要看到规则能够带来的无穷的力量，敬畏规则、遵守规则，维持良好的工作秩序。

11.3　按流程做事，保证工作效率

任正非曾多次强调规则和流程的重要性。他表示没有规范化，队伍就会溃不成军，管理的成果得不到巩固，效益也不可能提高。任正非要求所有的华为人按流程办事，以确保高质高效地完成工作。

11.3.1　养成按流程做事的习惯

华为的中研部成立后，有人给任正非递纸条，指明如果所有人都按照流程做事的话，部门成员的创新效率将被大大削减。

任正非也写了张纸条回复这个人，表示如果公司所有的功能模块的成员都不能养成按照流程做事的习惯，那么部门之间的工作无法很好地整合，就更不用说能够合作做出具有创造性思维的产品了。

因此，只有每一个员工都自觉遵循管理流程办事，才能做好自己的工作，推动公司的业务发展。

2011年11月，华为客户经理胡毅被调往乌鲁木齐办事处。工作没多久，他通过一些责任心强的客户经理得知，接手工作之后需要"清淤"，一步步地清理遗留问题，才能顺利开展后续的工作。

很快，胡毅就找到了原因所在。他发现客户经理手里的每个销售人员都有很大的任务量，这些业务员为了能完成任务，拿到更高的收入，即使客户没资金也先跟他们签合同。胡毅发现如果不及时清除出现的问题，积累的问题会越来越多，办事处需要花费几倍精力去解决！

为了杜绝这种现象，胡毅要求每一个业务员都按照华为已有的流程及问责制度去及时处理现有的问题，及时"清淤"。胡毅在发现问题的第一时间就有针对性地惩罚并全员警示，时间长了销售人员就开始重视这个事情，并形成自我约束意识。

在半年的流程优化、内控管理的学习之后，胡毅带领的销售团队养成了按流程办事的良好习惯，违规操作行为受到遏制，工作效率也随之提升。

从胡毅的工作经历可以看出，按照流程办事也就是在一定的时间内完成自己应该完成的工作，不要为了图一时之快，给后续工作增添麻烦。这一点也和丰田提出的"JIT（准时制生产，Just In Time）"类似。

职业管理理论

准时制生产

"准时制生产"是源自丰田生产方式的管理哲学。它的基本思想可以用一句话来概括，即：在需要的时候，按需要的量，生产所需的产品。有些管理专家也称其为"JIT生产方式"、"适时生产方式"或"看板生产方式"。

如果我们每个人在工作的时候能够养成这种严格遵循流程办事的习惯，就能够按时完成手头工作，就能很好地进入下一个工作环节，不需要在之后费神"清淤"，从而保证我们的工作效率和工作价值。

11.3.2　遵守工作流程才是效率的保证

在工作中，如果我们能够严格遵循工作流程办事，我们就会非常清楚自己要做什么事情及应该按照什么工作步骤来完成自己的工作。这就大大地节省了我们的工作时间。此外，我们会对整个工作进程非常明白，在与同事交接工作的时候，不会花费过多的时间解释自己的工作情况，避免双方做无用功，从而提高工作的整体效率。

所以，我们每个人在工作之前都要梳理一遍工作流程，严格按流程安排工作，保证工作的效率。

华为的员工就是严格按照工作流程办事的。例如，公司制定的产品生产流程中，首先，华为就会安排一位产品经理去与客户沟通，了解客户需要什么样的产品，这个产品的功能和特性是什么。然后，这位产品经理就会根据客户的需求输出一份产品的相关报告及一份详细的设计文档。开发人员从产品经理那里获得了关于产品的信息之后，就会按照客户对软硬件的设计要求来做好设计工作，然后将交付件交给测试人员检验。

在这个过程中，为了保证产品组设计开发的产品是客户所期望的，设计、开发、测试人员会严格按照工作流程执行，确保做好了自己流程环节的工作，再交由下一个流程环节的负责人。

可见，在流程中，只有上一个流程环节的负责人完成好了自己的操作，下一环节的人才能顺利完成自己在流程中的任务。

而我们每个人负责的都是工作流程的某一个环节，只有按公司的工作规划完成工作，我们才能做出符合公司要求的工作成果。只有遵从已有的流程办事，我们才能快速有效地完成工作，达到工作效益最大化。所以说，遵守规则才是效率的保证。这是员工必须养成的一种工作品质。

第 12 章

受得了委屈，抗得住压力

励志大师奥格·曼迪诺说："每个人都是自然界最伟大的奇迹。"事实上，一个人只有在困难的时候勇敢地面对，抗住压力，不在乎受到的委屈和不甘，用自己的实际行动来解决问题，才能逐渐收获成功，成为奥格·曼迪诺所说的奇迹。

所以，我们不要想着逃避困难，而要直面困难。只要多努力一点，就一定能够解决问题，在这个过程中个人的能力也将提升，成功也会越来越近。

对职业成长的思考：

1. 工作中你受过哪些委屈？你应该如何应对委屈？

2. 在挫折面前如何保持良好的心态？

3. 面对压力的时候，你如何将压力转化为动力？

4. 你受的挫折对你的职业发展有何帮助？

12.1 "委曲求全"是个人最大的美德

任正非曾经表示，在职场上，"委曲求全"是最大的美德。他说，职场奋斗者之所以感到委屈，是因为这些人已经到了职业发展的关键时期。在遭遇磨难和失败的时候，如果我们能看清自己，坚持奋斗，就一定能够有所收获。

12.1.1 受得了委屈，才能成就大事业

在职场上，绝对的公平和公正是很难实现的，大多数时候，公司为了整体利益，会牺牲个别员工的利益。所以，当你觉得自己的工作没有得到应有的回报的时候，或是公司要求你做一些你不愿意承担的工作的时候，你要调整好自己的心态，可能眼下会觉得有一些委屈，但是机会总是会有的，只要你能够好好工作、做出成果，公司一定能够看到你。

因此，在职场中，我们要做好"做好事受委屈"的准备，扎扎实实做好自己的本职工作。当你做出了一定的成绩时，你就离事业成功更近了一步。

2014年春节，当所有人都在与家人团聚的时候，华为公司负责全球网络安全的贺海滨却要坚守在工作岗位上，以保证客户的网络平稳运行。

除夕，贺海滨和往常一样来到公司打开电脑工作。这已经不是贺海滨第一次在除夕值班了，往年他解决了非洲等地的网络

安全问题。这一年中东科威特某局点的下载速率明显低于竞争对手，贺海滨接到消息之后又投入到忙碌的工作中，按照客户的要求快速解决问题。

就在其他人都阖家团聚、共度春节假期的时候，贺海滨却要面对一堆复杂的网络问题。客户没有给他一丝喘气的机会，要求他根据速率的细微变化给出分析报告，也就是说贺海滨需要不停地上传数据包，下载并撰写分析报告。面对巨大的工作量，贺海滨几近崩溃。

但是贺海滨咬牙坚持下来了，在他的努力下，顺利解决了科威特的网络速率问题，获得了客户的认可和公司的表扬。往年默默忍耐的贺海滨没有想到，新的一年，华为公司给了他升职的机会及高额的奖金。

在职场上，没有一定的承受能力，就承担不了更重大的工作职责，也就无法挑大梁。我们要意识到，我们的每一分付出不一定会收获相对应的回报，但是只要我们有"天将降大任于是人"的胸怀和格局，受得了委屈，坚持把自己的工作做好，就一定能够将每一分努力和付出都累积起来，最终成就自己的事业。

12.1.2　保持宽容的态度，有原则地妥协

很多人在工作的时候，总是被僵化的文件限制了太多，导致工作行为受限，显得不那么灵活和宽容。其实，我们要意识到文件的条款是严格的，但执行中要灵活有度，对具体的事件

和具体的某个人要保持宽容的态度，学会有原则地妥协。

任正非在访问西方企业期间了解过一个案例。在一家美国医院里，一名美国医生发现新来的菲律宾护士用错了一种仪器，于是他就告诉这名护士应该如何操作这个仪器。这名医生指导过后问护士是否听懂并且理解应该如何操作了，护士点头表示理解。但是后来这名护士依然在操作这个仪器的时候出错了。于是，这名医生再次与护士确认，问她是否真的知道该如何操作仪器，护士依然点头。

很快，这名医生发现两人的沟通出了问题。在菲律宾文化中，地位低的人对地位高的人一般不说"不，我没听懂"，这名护士也是因为害怕他责备自己，所以即使没有理解也说自己理解了。这名医生弄清楚问题之后，再次耐心地对菲律宾护士讲解了仪器操作，并且请护士重复他讲解的过程，这名医生在菲律宾护士复述的过程中很清楚地了解了她掌握仪器操作的程度，也很快教会了护士操作相关的仪器。

任正非称自己了解这个案例之后，意识到一个企业的固有文化或规则可能会造成很多员工工作时存在一些问题，所以他强调在工作配合过程中，所有人都要在公司价值观的导向指引下，基于政策和制度，非僵化地执行、落实和操作，也就是说要适当宽容并妥协。

我们作为集体的一分子，要看到僵化执行的弊端，要能够宽容工作过程中同事或下属的一些行为，并且有原则地适当妥协，帮助其他成员更好地完成集体的目标。

12.2　面对压力，敢于放手一搏

丘吉尔说："一个人绝对不可在遇到危险的威胁时，背过身去试图逃避。这样只会使危险加倍。但是如果立刻面对它毫不退缩，危险便会减半。"

12.2.1　冷静思考，做出专业的判断

工作中经常会发生突如其来的变故或是出现棘手的问题，在这些巨大的工作压力面前，很多人常常会在慌乱中做出错误的判断，最终影响整个工作的结果。

其实越是有压力的时候，我们越要冷静下来，认真思考之后做出的决定才能帮助我们解决问题。

2016年6月23日，英国脱欧公投，华为公司在欧洲的主要资产布局在英镑和欧元，所以这个事件对于华为公司的影响非常大而且影响深远，当时负责控制对冲比率的外汇专业人员张帆工作的重点就是做出专业的判断，尽量减小这个事件对华为的负面影响。

公投当天，英国的民意调查结果显示脱欧的概率小于10%，这个时候金融市场已经一边倒地看好英国不会脱欧，英镑汇率上涨不少。当时有外籍交易员询问张帆是否要降低英镑对冲比率，张帆虽然被外界的消息影响，但还是沉着思考了一番，回复对方称不要大幅度降低对冲比率，因为没有准确的结果之前，还是存

在一定的脱欧风险的。

为了印证自己的猜想，张帆还亲自前往多个投票站点观察实际情况，现场的投票结果显示脱欧的可能性很大。这进一步坚定了他的判断。张帆立即打电话给交易员，表示一定要保持对冲比率，100%保护现有英镑资产，同时对欧元对冲情况进行审视，保持或者加大欧元对冲比率。此外，张帆还申请了一系列的应急预案，包括交易对手风险控制、结算风险等，以避免脱欧当天可能产生的其他一系列潜在威胁公司资金资产安全的突发情况。

6月24日，英国脱欧公投结果公布后，英镑瞬间暴跌10%以上，欧元也应声下跌，整个金融市场一片惨淡。而张帆在冷静思考之后做出的专业判断，使得英国脱欧事件对华为公司的影响被降到最低。

张帆在关键时期冷静思考，运用专业的财务知识解决业务问题，做出了正确的判断。

我们每个人在职场上遇事不要怕，而要冷静地面对，在弄清事实、厘清思路之后，认真思考，找到最佳的工作方法，避免失误，少走弯路，把工作做到点子上，以较小的付出和代价，换来最大的收益和效果。

12.2.2　化压力为前进的动力

著名企业家李嘉诚先生曾说："因害怕失败而不敢放手一搏，永远不会成功。"

很多时候面对工作的压力，我们会陷入害怕的情绪里，害怕自己做不好工作或是会做错事情，导致自己在做事的时候畏首畏尾，无法放开自己的手脚大胆地去拼一把。这也是我们工作难有突破的重要原因之一。

2015年，胡宇飞（化名）被华为公司派往南非某项目群，担任某模块的项目负责人。整个项目流程运作十分复杂，而且覆盖面极广，几乎覆盖了全公司所有的网络部署业务场景。

胡宇飞团队的压力非常大，他们不仅要每周跟进交付进度并及时调整工作速度，在项目过程中还要解决难以获得站点和路权的问题，以及分包商资源短缺的问题。再加上在南非，华为没有类似的交付经验，这个项目的难度远远超出了胡宇飞能够承受的范围。

就在胡宇飞焦头烂额之际，客户方多次问询项目进展，胡宇飞感到了前所未有的压力。由于神经紧绷，胡宇飞在忙乱中犯了策略性的错误，导致项目出现问题，被客户投诉。那段时间胡宇飞每次参与会议讨论都要被客户责备，面对客户给予的巨大压力和来自各个地区部及代表处的压力，他每天只能休息4个小时，甚至做梦都在想工作的事情。

胡宇飞曾经一度想放弃，来自四面八方的压力让他喘不过气来，但是他很快调整了自己的心态，并且给自己设定了工作目标，朝着目标不断改进自己的工作，并且开始向公司求助。获得了公司的资源和其他地区部领导的支持之后，他很快重新梳理了工作流程，并且带领团队加班推进项目进程，最终在12月31日晚完成了所有交付项目。

可见，在工作中遇到难题是很正常的事情。承受住压力，并且及时调整自己的心态，化压力为动力激励自己前进，才是真正的解决办法。

当我们面对工作上的巨大压力，觉得自己透不过气来，也找不到很好的解决办法的时候，我们可以借助霍桑效应来调节自己的心情，将压力转化为工作的动力。

───── 职业管理理论 ─────

霍桑效应

霍桑效应，或称"霍索恩效应"，起源于1924至1933年间的一系列实验研究，由哈佛大学心理专家乔治·埃尔顿·梅奥教授为首的研究小组提出此概念。霍桑效应是指当人们意识到自己正在被关注或者观察的时候，会刻意改变自己的行为或者言语表达。

根据霍桑效应提出的观点，我们在面对工作的巨大压力时，可以将这种压力当作领导对自己的一种关注，或是同事在关注自己的工作情况，适当借助压力给予自己正向的刺激，让自己能够做出应对的行为，改变现状。

12.3　保持良好的心态，化解困难

心理学家M.斯科特·派克说："在这个世界上，只要你真实地付出，就会发现许多门都是虚掩的！微小的勇气，能够创造无限的成就。"

人最大的敌人往往是自己。通常遇到问题，只要下意识觉得自己无法克服，勇气就会随之消散。这将真正困住我们，使我们陷在困境中无法自拔。其实，我们要做的就是保持良好的心态，做好自己的工作，勇敢地克服困难。

12.3.1 受挫折不是灾难而是福

我们在工作过程中难免会遇到困难。很多人在面对挫折难以招架的时候会感到懊丧，甚至产生放弃的念头，认为遇到的挫折是阻止自己前行的灾难。换个角度思考问题，我们会发现其实挫折不是坏事，如果自己在困难面前仍能保持正常的工作状态，在挫折面前寸步不让，在失败困境中想尽一切办法找到突破口，最终渡过难关，取得好的工作成果，自己的能力也在这个过程中得到了提升，那么挫折对我们来说就是进步的阶梯。

2017年，华为公司刚部署的平台总是出现各种各样的问题，客户也不断质疑，表示华为的SEQ平台做得太差，甚至指出华为在大数据SEQ产品上，不像传统的设备产品让人有信心，有时还不如一些小厂家做得好。

那段时间，华为SEQ平台项目组每个人每天都加班加点地工作，身体又累压力又大，但客户满意度依然不高，投诉很多，有一次甚至投诉到中国区。

面对这个棘手的问题，华为运营商交付服务部部长石达紧急与项目组的成员商讨了相关解决办法，并且立即组织项目核心成员联合中国区总体组、机关研发等部门的成员一起梳理客户痛点，并寻找解决方案。为了能够尽快解决客户满意度低的问题，石达带着项目组成员一起加强研发技术支撑，增加资源投入，同时向研发部门提交了基于本地客户需求的产品优化建议。

经过半年的坚持不懈，客户的投诉慢慢减少，客户满意度也有所提升，年底华为项目组还收到了来自客户的表扬信。

任正非曾表示，人活在世上，不如意事十之八九，唯有真正的坚强勇敢，才可以经常战胜自我，不断克服困难，由自助而获得天助。

其实，我们每个人在工作中都有可能面临华为项目组的这些问题，产品做得不尽如人意，客户满意度低等，如果我们不能保持良好的心态去化解这些困难，这些困难就会成为打倒我们的灾难。反之，如果我们能勇敢地面对难题、奋力拼搏，那么这些困难就是帮助我们成长的垫脚石。就像挫折理论中提到的一样，挫折是福是祸，取决于个人怎么看待挫折。

职业管理理论

挫折理论

美国的亚当斯提出了挫折理论探讨挫折对主体的影响。理论认为，当行为主体从事有目的的活动遇到障碍或干扰，使其动机不能获得满足时，即表现为挫折。挫折可能使主体总结教训、才智大增，也可能使主体情绪低落、痛苦不堪，甚至发生抵制、报复、攻击等不良行为。

我们要看到挫折带来的力量，调整我们遇到困难时的心理状态，采取措施将消极性行为转化为积极性、建设性行为，帮助我们化解困难，并从中收获成长。

12.3.2 坚定信念，耐得住寂寞

"滴水穿石""十年磨一剑"，中国古人在很久以前就懂得这个道理：从古至今，出类拔萃的能力无不是经过长期专心致志地修炼获得的。

历史学家范文澜在早些时候也提出过相似的概念——"坐冷板凳"，大概意思就是鼓励人们在做学问的时候要专心致志，甘于寂寞才能最终成就事业。

华为有许多甘于寂寞、信念坚定的奋斗者，邓宇飞就是其中的一个。邓宇飞是华为IT流程专家，做这行已经十多年了。做流程的人需要抵制来自方方面面的诱惑。因为它不像销售项目或交付项目那样，只要项目成功，三到五年就能成为一流的专家了，而是要耐得住寂寞，将事情做实做细，真正做到"板凳要坐十年冷"。

对此，邓宇飞自己提出了几点感悟，他表示要善于以小见大。他认为一些简单的细节问题对个人成长有非常重要的意义，真正做好这些细节工作也是需要能力的，要学会沉下心来做好细节工作。

其次，要懂得在平淡的工作中自我鼓励，比如漂亮地完成一项工作以后，得到了上级的表扬，或者项目做好了，得到同事们

的认可以后，就可以自我鼓励一下，以激发自己的工作积极性。

我们每个人都希望自己早一点出人头地、出类拔萃，在成功面前难免显得浮躁。在这个飞速发展的时代，能够沉下心来，坚定地做好自己的每一项工作，变成了一项非常重要的能力。

所以，我们要像邓宇飞说的那样，甘于寂寞，在自己很小的领域里刻苦钻研，培养出我们的核心竞争力，最终有所成就。

12.3.3　努力改造自己，战胜困难

任正非曾说，一个一生都非常顺遂的人，很有可能在困难面前不堪一击，所以，华为会选择那些能够在重大挫折面前努力改造自己、最终战胜困难的奋斗者帮助华为成就更远大的目标。

那些在困难面前手足无措，无法承担责任、解决问题的人，是无法得到企业的重用的。我们在职场上奋斗，一定不能惧怕困难，而要努力地去解决困难、战胜困难，也战胜自己。

华为有个非常出名的系统，即用来做一线投标报价、价格价位评审、授权、机关的成套、发货的配置器，因为研发降成本措施固化也要用到这个配置器，所以配置器的开发工作一直都没有专门的部门负责，虽然配置器的开发工作有专门的组织在做，但这个组织的归属部门在10年内变迁了8次，可见要负责配置器的开发工作不是件容易的事情。

配置器的开发工作一度陷入僵局，就连配置器的创始人文华（化名）也在坚持了10多年之后选择了放弃，要知道他从第一代配置器一直到单机版都一路坚持了过来，但面对前所未有的困

境，他还是选择了离开。

配置器开发组织第7次变更归属部门的时候，胡兆华接下了这个"烫手的山芋"。在最困难的时候，胡兆华对部门的成员强调："我们没有退路，只有拼死一搏！"也是在胡兆华的坚持下，产品数据部看到了最后的成功。

胡兆华勇敢挑战自我，终于取得了重大成就，产品数据部在胡兆华的带领下发挥了最大的作用，再加上中软部门的努力，网络版配置器终于在2009年下半年成功上线。

其实，企业的很多工作都是前途未卜的，但工作就是这样，困难和挑战在身旁环绕，只有勇敢地履险蹈危、坚持到底，才有可能获取最后的胜利。如果一开始就害怕犯错、恐惧失败，那么只能停步不前，永远无法达成目标。所以，我们在面对困难的时候一定要坚持，努力改造自己，去战胜困难。

第 13 章

坚持批评与自我批评

任正非说："泰国代表处有一个反思簿，我只写三个字'真英雄'，没有必要写更多的字来评价。他们敢于'刺刀见红'，敢于对着自己开炮。我是真心实意表扬他们是真英雄，希望每个代表处、每个部门都敢于把自己的问题揭发出来，只要能揭发出来，就一定会有改进措施，就会朝着更美好的明天前进。"

任正非认为要进步就要站在长远发展的角度上看当下的不足，任何人想要进步，就要坚持批评与自我批评，检讨自己的错误，指正别人的不足。

对职业成长的思考：

1. 任正非说的"幼稚病"是什么？如何克服？

2. 如何区分自我批评和自我否定并做到自我批评？

3. 应该怎样指出同事工作中的不足，帮助他人成长？

13.1 自我批评是成长的必经之路

华为公司前党委书记陈珠芳称："提高自我批评能力是尽快成为合格干部的必由之路。"自我批评使得华为人在胜利面前不自负、不骄狂，能够始终保持低调、务实的工作状态。同时，自我批评让华为人及时认识到自身的不足之处。有了正确的认识就能够不断学习，不断超越，去弥补稍有欠缺的地方，从而与华为一同走向胜利。

13.1.1 自我批评是克服"幼稚病"的良方

进入职场的初期，我们年轻充满活力，对于工作有很多想法。这当然是好事，但是这不仅是我们的优势，也是我们最大的劣势。因为年轻，也因为缺乏职业化管理，我们会出现一些"幼稚病"，例如，认为公司的某些制度或管理不到位，认为自己有更好的办法，认为上级不理解自己的工作方式……从而产生矛盾和冲突。但很多都是因为我们思考问题不全面导致的错觉。

我们要避免在职场出现这种幼稚的状态，就要"每日三省吾身"，通过自我批评来克服我们的"幼稚病"。

黄思宇（化名）被任命为华为沙特代表处合同管理及履行支持组织主管的时候，正是二十出头的年纪，所以行事比较自我，考虑不够周全。

很快，黄思宇就因为工作不到位，导致客户对华为的满意度下降。由于黄思宇按照自己的想法开出的支票并不符合客户的要求，并且将影响客户第二年的预算，客户多次投诉，并表示如果华为不能准确开出支票，客户第二年的市场拓展也会受到影响。

黄思宇正处于焦头烂额之际，他的领导提醒他，让他从自己身上找原因。于是他开始反思自己，并且对自己进行了深入的自我批评，很快找到了开不出符合客户要求的支票的原因。找到根源问题之后黄思宇立即改进了自己的工作、优化了开票业务，他带领团队成员每天工作到凌晨。一周后，代表处终于开出了1亿美元的发票，让客户的合同部门主管赞叹不已。

这件事之后，黄思宇也清醒地认识到，如果没有自我批评，就不可能找出解决问题的方法。

其实，我们每个人最初工作的时候都跟黄思宇一样，都有"幼稚病"，特别是面对新事物、新问题的时候。因为我们的幼稚，我们认识新事物、认识新问题的时候往往只从某方面去了解，不能认识到本质，于是容易做出错误的判断。

如果我们能够坚持在工作之前进行自我批评，就能避免做出幼稚的决定；在工作过程中进行自我批评，就能意识到工作不到位的地方；在工作之后，进行"复盘"并自我批评，就能够优化自己的工作，在下一次做得更好。

13.1.2　从泥坑中爬起来的是圣人

即使我们坚持自我批评，也不可能做到100%不犯错。在工作中跌倒了不算什么，只要我们有勇气和毅力爬起来再战斗，我们就能够从泥坑中爬起来，我们就能用自己的青春热血、万丈豪情，成就伟大的事业。

2012年年初，H客户进行招标测试，但华为打造的企业移动信息平台的产品刚刚完成第一个版本，当时竞争者C已经和客户接触多时并取得了客户的信任。

考虑到机会难得，虽然华为此前在这项业务上没有优势，但还是想争取市场。华为立即联系了H客户，并争取合作的机会。

华为组建了一支攻关团队，让版本开发部的李宇飞（化名）担任负责人。但是由于时间紧迫，李宇飞对版本开发判断失误，造成版本在测试中出现了大概率的致命问题。李宇飞灰心丧气，甚至想要引咎辞职，但是痛定思痛之后，李宇飞重新检测了版本的情况，找到了解决问题的方法，于是他立即带领团队全体成员优化版本。在李宇飞的指导下，攻关团队多日苦熬之后终于处理好了这个问题，并将产品完整呈现给了客户。

在后来的招标测试中，华为最终打败了那些原来占优势的竞争者。客户也对华为的反应能力表示欣赏，而李宇飞也从中收获不少。

对于职场人来说，要正视自己身上的缺点和自己犯过的错误，努力改正缺点，优化自己的工作，不要被一次两次的困难击倒，要勇于从跌入的泥坑中爬起来，并且通过自我批评、自我迭代，在思想上升华，步步走高。

就像任正非表示的，从泥坑里爬起来的人才有资格做接班人。每个人的职业发展道路都很长，不要因为一次挫折就倒地不起，要坚信我们的前途是光明的，只要我们能坚持自我批评、不断纠错，就一定能成长起来。

13.2　长期坚持自我批评，不断改进

在任正非看来，不少人比较爱面子，缺乏自我批评精神。为了克服这种不良习气，任正非要求华为人不要在意自己的错误，要把错误当作一种经历，努力从每一次成功或失败的经历中吸取教训。自我批评多了，收获也就会更多。这就是任正非一直坚持的"通过批评，取得进步"的原则。

13.2.1　勇于承认自己的错误和缺点

在职场上，我们都是边摸索边前进的，在这个过程中，我们可能会因为经验不足、年轻冲动等原因做出错误的决定，但是这并不是一件坏事，至少不完全是。因为当我们发现自己犯错的时候，我们就能够及早发现自己身上还存在非职业化的地方，在工作方面还存在待改进的地方。只要我们能够正视自己身上不完美的地方，正确认识这一点，并且勇敢承认这一点，就能够找到改进点，不断优化自己的工作，使自己获得成长。

所以，面对工作中的失误，或是自己不够成熟的地方，我们不要当一只把头埋在沙子里的鸵鸟，而要在认识到自己的错误之后及时纠正自己的错误，把自己摆在一个正确的位置上。

华为前副董事长纪平刚进入公司时和其他职场新人没什么

区别，还处于懵懂状态，很多事情没有思考周全就做了。工作没几天，他就发现自己当天上交的报表存在一处失误。由于纪平仍处于试用期，他很担心自己因为这次工作失误被辞退。不过，他很快平静下来。他说："当时，我想了这个失误能造成的最坏结果，然后说服自己去坦然接受。当我从心理上接受之后，我发现我已经轻松了很多。随后，我马上采取了积极的措施，争取最大限度地挽救不良后果。"事实证明，他的做法是正确的。他非但没有被辞退，还因及时弥补了失误，重新获得了领导的认可。

任正非也曾说，想在职场上成就事业的人要抛却所谓的"面子"，一个真正有本事的人，是能够坚持自我批评，及时发现自己的错误，并承认错误、及时纠正的人。

我们正处在IT行业变化极快的时代，智能时代的来临将给我们的工作带来更大冲击，如果我们勇敢承认自己的不足，从某种程度上来说，我们是审视了自己的思想建设，让自己能够更加努力，跟上时代的步伐。因此，我们一定要明确一点，如果希望自己的事业有好的发展，就要抛却面子，不断自我批评，不断自我纠正，超越自我，朝着正确的方向前行。

13.2.2 把握分寸，避免进行过度的自我批评

我们认识到自己的错误并及时纠正无疑是一件好事，但是在自我批评的同时，我们要把握好度，任何事情过犹不及。过度的自我批评，会重重打击我们的自信心，让自己时刻精神紧张，生怕做不好工作，最后破坏了原本稳定的工作状态，是非常不可取的。

我们要分清楚自我批评和自我否定的界限，适当地自我批评，提升自己的能力，改进工作。反对过度否定自我，让自己陷入消极的情绪中，以至于影响自己正常的工作。

华为公司常务副总裁郑宝用最初只是华为的一个技术专家，任正非带着他到邮电系统去跑业务，结果郑宝用在邮电系统"胡说八道"，引得在场的人"群起而攻之"。任正非得知之后，想看郑宝用有什么反应，结果郑宝用笑嘻嘻地说："明白啦，就是一个小问题。"郑宝用被众人批评，但他厚着脸皮与他们周旋，情绪并未受到影响。但是，任正非在后续的观察中发现郑宝用的确在后来的工作中改正了他身上存在的问题和犯的错。

任正非认为只有"厚脸皮"的人才能当干部，所以他要求华为人一定要能接受批评，不能自卑。无疑，郑宝用就是一个"厚脸皮"的人，但他这种能够及时改正自己工作中存在的问题但又不过度纠结自己的错误的心态是任正非心中"能干大事"的人的心态。

所以，我们要认识到自我批评是一种手段，是一种方法，更是一种动力。自我批评的内涵是对自己的不足的承认。承认自己的不足，是一种勇敢也是一种智慧。我们要长期坚持自我批评，但是要避免自我否定，让自己保持积极的心态工作。

13.2.3　只有坚持自我批评，才能不断进步

在任正非看来，华为之所以要倡导自我批评，就是因为相互批评难以把握适度，容易造成团队成员之间的相互攻击，但

人们对于自我批评会手下留情，通过"鸡毛掸子"给自己掸掸"灰"，也能不断地完善自己，实现自身的成长。

当我们能够把握分寸进行自我批评的时候，我们要坚持自我批评。正如任正非提出的那样，青年人要长期具有自我批评精神，才能不断进步。坚持自我批评，我们不仅能够改正工作中存在的问题，还能通过持续地自我反省走出工作中的疲劳和病态，激发出工作中的活力。

华为第一次实施集体大变动之后，好不容易奋斗到高层岗位的毛生江丢了"官帽子"，一切都只能从头干起。之后，毛生江就意识到自我批评的重要性，因为在企业环境中，随时都有可能出现降职的情况，只有保持自己的竞争力，才能让自己立于不败之地。

于是，重新竞聘到市场部的毛生江养成了坚持自我批评的习惯，每次工作之后，他都会试着"复盘"自己的工作过程，并且找出自己身上的问题，甚至召集自己团队的所有成员一起开民主生活会。

在民主生活会上，毛生江首先做了自我检讨，并且虚心请求经验丰富的下属们为自己这个"无能"干部指点迷津。部门员工们敞开心扉，毫不留情地指出了他存在的问题，同时也积极地对新项目的开展建言献策。

坚持自我批评、不断改进工作的毛生江带领自己的团队克服了无数困难，最终取得了骄人的成绩。毛生江很快就被公司重新提拔重用，成了华为公司的执行副总裁。

任正非说："我们要不断地自我批评，不论进步有多大，都要自我批评，世界是在永恒的否定中发展的。"

的确，我们如果能够不断自我批评，就能知道自己的职业发展过程中有过什么挫折，知道哪次做错了什么，怎么错的，这些都是我们宝贵的财富。我们不仅可以用这些经验指导自己以后的工作，还能指导别人的工作，这样不仅自己的能力提高了，还逐渐有了帮助他人成长的能力，而这也是管理能力的一种。所以，我们要坚持自我批评，促进自己不断成长。

13.3　敢于指出他人的不足，共同成长

在职场上，不可避免会出现一些问题，很多人碍于情面会选择默默忍耐，而不去及时指出同事或下属工作上的不足，最终出现问题的人不能及时改正自己的错误，导致发生不可挽回的严重后果。所以，顾及情面不去提醒他人、制止他人将埋下隐患，而及时指出他人的不足和错误才能及时止损，真正让伤害减少到最小。

13.3.1　敢于说话，指出别人的不足

我们在工作过程中难免和同事因为意见不同产生摩擦，心里对对方有一些想法也憋在心里不说出来。殊不知这样不仅使得双方无法好好交流，和谐相处，还会对彼此的工作产生负面影响。谁也不认同谁，怎么能共同做好工作呢？

所以，我们要抛弃所谓的"职场礼貌"，敢于指出他人身上的不足。真正对自己有要求的人一定不会因此记恨你，而是感谢你能帮助他成长，而你也能更好地与对方一起完成工作。

华为公司就非常推崇员工敢于说话、敢于指出别人的不足。所以，华为公司一直有民主生活会之类的交流会议，专门用来指出同事的不足，帮助他人成长。

刘元被调至杭州办事处任代表之后不久，他就发现办事处员工之间存在一些矛盾，导致办事处的很多工作难以开展。为了解决这个问题，他安排了一次民主生活会。

在会上，刘元让每个员工有话直说，不要把问题藏起来，而要将问题暴露出来并去解决。

于是不断有人站出来发言，有的说代表处的客户经理到前线拼命却得不到行政资源的支持；有的说公司的激励机制存在一定的问题；有的说……就是没人说到点子上，没人敢直接指出某个具体的人的不足。

于是刘元自己带头，他指出代表处的汤圣平的缺点是不能包容人，和代表处的张超产生矛盾后不能退让一步，导致两人矛盾升级。而张超的问题就是喜欢逃避问题，遇到困难就想放弃，不能争取一把。刘元说完，大家纷纷开始发言。这一次，所有人都直接指出同事身上存在的问题，并且给了对方改进的建议。

刘元的话或许像一把刺刀扎进了人的心窝，但是这绝不是因为他说的话很过分，而是因为汤圣平和张超意识到自己的问题给工作带来了不便，反思而产生的难受的感觉，而这些难受都会变成他们成长的推力，让他们能够更好地改进自己的工作、完善自己。

我们在职场上也要有这种敢于直言的精神，不仅要积极吸取别人的优点，也要积极指出他人的缺点，帮助他人成长。你也能看到自身的不足，与他人共同成长。

13.3.2　目标只有一个：不断改善

我们在职场上既是独立的个体，需要做公司分配给自己的工作，同时，我们也是集体的一员，需要团结集体中的其他成员朝着一个共同目标努力。所以，我们要特别注重向别人学习，学习别人工作中的优点，弥补自己的不足之处。当然，在做好自己工作的同时，我们要能够帮助其他同事完善工作。

2015年，华为重庆电信C网项目处于修改定时器的关键时期，项目攻关组的各个成员却吵得不可开交。为了保证网络质量的稳定，项目攻关组组长姜伟召集所有督导（包括合作方）和网络优化工程师讨论后续操作，姜伟提出要做好在网管上的查询工作，但是很多人认为这样会耽误工程进度，姜伟却非常坚定自己的立场。

于是姜伟组织了项目攻关组的全体成员，一起讨论如何做好网络质量工作，无线侧的刘长春和网络优化侧的陈世进就到底是设备问题还是网络优化的问题展开了激烈辩论，每个成员也都发表了自己的看法，最终在各方的共同努力之下，找到了大家都认可的解决方案。

项目攻关期间，这样的争论非常频繁，每一次都是思想火花的碰撞，都会产生新的思路、结论或解决方案，都会让问题更清晰，让措施更完善。而解决问题之后，项目攻关组的所有成员仍然在一起举杯相庆，并为曾经的争论而干杯，为顺利完成交付而庆贺。

金无足赤，人无完人，如果集体中的每个成员能够充分发挥自己的优点，并且通过互相指导，纠正彼此的缺点，就能避免集体工作出现大的偏误。这样，每个人的优势加在一起，就可以形成一个具有"完人"特质的集体。

而当我们能够与集体共同成长的时候，我们也就能够和集体彼此成就，所以，我们一定要在集体工作过程中充分发挥自己的优势，与集体成员一起修正彼此的错误，朝着共同的目标不断改进。

第 14 章

融入集体，走群体奋斗之路

彼得·德鲁克曾经说，一个企业，当每一个成员都明白"一荣俱荣，一损俱损"的道理时，这个团队的团结性是毋庸置疑的。事实上，一个高度团结的"作战群体"也是所有企业都迫切想要建立的。

作为公司的一员，我们也要明白只有融入集体，走群体奋斗的道路，我们才能在完成集体目标的基础上，实现个人职业理想。

对职业成长的思考：

1. 个人英雄主义的弊端是什么？为什么要投身集体奋斗？

2. 在集体中如何与同事协同作战，共同成长？

3. 如何理解华为的"胜则举杯相庆，败则拼死相救"？

14.1　淡化个人英雄主义，投身集体奋斗

任正非在《致新员工书》中写道，华为的企业文化是建立在国家优秀传统文化基础上的企业文化，这个企业文化下，全体员工团结合作，走群体奋斗的道路。有了这个平台，你的聪明才智方能很好发挥，并有所成就。没有责任心、不善于合作、不能进行群体奋斗的人，没有在华为进步的机会。

14.1.1　时代呼唤我们要融入群体文化

任正非说："当我们建成内耗小、活力大的群体的时候，当我们形成团结如一人的数万人的群体的时候，我们抗御风雨的能力就增强了，可以在国际市场的大风暴中搏击。"

的确，智能时代的来临使得我们每个人都处于不断变化的外界环境中，一个人的力量过于渺小，不足以抵抗暴风雨的侵袭，只有融入集体之中，我们才能增强自己抵抗冲击的能力。

2011年，华为在K国的某项目自从签署合同后一直无法落实融资。一是因为竞争者的干扰，二是因为融资优惠存在争议。为了尽快启动项目，华为项目组的成员互相配合，通过"群体战斗"推动了项目的开启。

华为项目组的技术专家赶到现场澄清方案的时候，项目组的谈判人员就在银行和K国政府之间进行斡旋，推动融资谈判。为了更好地响应客户，项目组的客户经理远赴K国的同时，华

为在 K 国的本地员工也在 K 国配合工作，与客户经理做好交接工作……

除了工作上互相配合，华为项目组的成员在生活上也互相支持。K 国是典型的火山岩地质地貌，饮水困难，且蔬菜和肉类缺乏，所以，每一次项目组成员出差 K 国的时候都会带上 60 千克的物资，帮助集体抵抗生活上的困难。

在华为项目组各个成员的相互配合之下，他们克服了所有困难，于 2015 年实现了项目融资落地并启动交付。

在 K 国的该项目中，华为项目组的各个员工凭借奋斗和团队精神为团队和自己筑起了"安全伞"，并彼此配合实现了工作目标。他们就像任正非所说的那样，他们融入了群体文化，在群体奋斗中努力发挥出自己的能量，不仅实现了集体目标，每个人也都有收获。

时代呼唤我们融入群体文化，我们就要响应呼唤，团结起来接受挑战，调整自我融入大我。

14.1.2　淡化个人色彩，实现职业化管理

华为曾经是一个"英雄"创造历史的小公司，随着发展规模的壮大，华为公司越来越意识到职业化管理的重要性。因为只有职业化管理才能真正提高工作效率，减少内耗。

作为集体的一员，我们要看到职场不需要过于强调个人色彩的"英雄"，而需要能够与公司保持一致步调、符合职业化管理要求的人才。所以，我们要淡化个人英雄主义，实现职业化发展。

任正非在《一江春水向东流》一文中提到："那时我已领悟到'个人才是历史长河中最渺小的'这个人生真谛。我深刻地体会到，组织的力量、众人的力量才是无穷的。人感知自己的渺小，行为才开始伟大。""少年不知事的时期我们崇拜李元霸、宇文成都这种盖世英雄，传播着张飞'杀'（争斗）岳飞的荒诞故事……当我走向社会，多少年后才知道，让我碰得头破血流的，就是这种不知事的人生哲学……在时代面前，我越来越不懂技术、越来越不懂财务、半懂不懂管理，如果不能民主地善待团体，充分发挥各路'英雄'的作用，我将一事无成。组织建设成了我后来的追求，如何组织起'千军万马'，这对我来说是天大的难题。"

作为一个企业的最高领导者，任正非极度淡化自己的影响，而是强调集体和职业化管理的力量。在一个企业中，人与人的合作不是人力的简单相加，如果我们不过分强调自己的能量，和集体成员互相推动，那么就会事半功倍，但是如果我们实行个人英雄主义，那么我们和同事之间很有可能会相互抵触，难以成事。

职业管理理论

华盛顿合作定律

华盛顿合作定律指出，一个人敷衍了事，两个人互相推诿，三个人则永无成事之日。华盛顿合作定律类似于中国的

《三个和尚》的故事，说明人与人的合作不是人力的简单相加，而是相互作用的结果。

我们每个人在一个集体中，当然不只是为了成就集体，但在职业环境中，只有先成就集体，个人的能量才能被释放出来，所以我们必须淡化个人色彩，参与群体奋斗，实现个人和集体的共赢。

14.2　既要求助于他人，又要帮助他人

任正非说："我体会到了团结合作的力量，这些年来进步最大的是我，因为我的性格像海绵一样，善于吸取他们的营养，总结他们的精华，而且大胆地开放输出。那些人中精英，在时代的大潮中，更会被众人团结合作抬到喜马拉雅山山顶。"

14.2.1　向他人求助，获取必要支持

华为公司曾经表示公司为员工提供了全面的求助网，希望所有员工都能够积极有效地求助于他人，同时给予他人支援，这样不仅能够充分利用公司的资源，还能吸取他人的经验，快速成长，很快适应工作环境。

其实，大多数公司都会像华为公司一样给员工提供求助系统，我们作为公司的一员，一定要合理利用这些资源，懂得向他人求助，获得必要的支持，做好自己的工作。

2014年5月，唐玉桃加入了华为的生产车间，在导师的引导下她开始学习手机彩盒预配业务。导师向她演示了预配业务流程，她在一旁仔细观察导师是如何一步步将彩盒中的部件安装好的，她自认为这些步骤都烂熟于心，但真正自己操作起来，却频繁地出错。

唐玉桃自己想了很多办法，但是她发现仅仅靠自己根本想不到合适的方法。消沉几日之后，她终于忍不住，在公司拦住了她的导师，并且将自己一肚子的疑惑全部倾倒出来，向导师请教解决方案。她的导师听了她的疑惑之后，耐心地把多年的实践经验娓娓道来。导师的倾囊相授让唐玉桃受益匪浅，掌握了"独门秘诀"的她在短时间内迅速提升了自己的作业质量和效率。

唐玉桃尝到甜头后，爱学爱问的能量全都被激发出来了。遇到大大小小的问题，她总是虚心求教，有了问题就会主动联系她的导师，并且将导师的指导意见很好地落实到位。

而唐玉桃也因为出色的工作能力，以80%的超高得票率当选"成长之星"，在短短一年半的时间里，转身成为一名技能熟练的"小专家"。

在遇到问题的时候，我们可以想办法自行解决，但是实在找不到很好的解决办法的时候，千万不要自己一个人苦苦琢磨。过大的压力只会让自己产生焦虑情绪，而及时的求助能够帮助我们迅速走出困境，解决问题。

我们一定要意识到，向别人求助绝不是丢脸的事情，做不好事情、完不成自己的工作才丢脸。必要时我们一定要抛开顾虑，大胆向他人求助，获得他人的支持。

14.2.2　主动分享经验，共同进步

在人际交往中，我们会发现自己更容易接受亲密好友的一些观点，从而接受他对自己的建议。而在我们给出建议的时候，如果对方是自己好友，那么他也会很容易听取我们的意见。这就是心理学中的"自己人效应"。

职业管理理论

自己人效应

所谓"自己人"，是指对方把你与他归于同一类型的人。也就是说，要使对方接受你的观点、态度，需要同对方保持同体观的关系，即要把对方与自己视为一体。"自己人效应"是指对"自己人"所说的话更信赖、更容易接受。

其实，这一点我们完全可以运用在职场上，当我们把同事当成"自己人"时，我们就能取得对方的信任，缩短彼此的心理距离，提高自己的人际影响力。此时，我们给出建议，就能被对方接受。而我们要建立起这种"自己人效应"，就需要我们在日常工作中主动分享自己的工作经验，促使彼此共同进步，拉近彼此的距离。

　　毛国峰是华为通信设计部的5级专家，在版本设计、项目拓展等领域都有出色的表现。这位耕耘多年的技术专家不仅把产品竞争力提到业界一流，还积极地与同事和新员工分享自己宝贵的工作经验，帮助更多人成长。毛国峰也因此树立了自己的影响力，在客户、公司、同事面前都有良好的口碑。

　　毛国峰是一个关心集体的人，他认为要成为"常胜将军"，就必须加入一支素质过硬、敢打敢拼的队伍，而队伍的建设需要集体的每个人的共同努力。所以，他常常与同事一起交流，研讨更好的工作方法，并且给大家推荐学习资料。这样一来，团队的关系十分和谐，彼此非常信赖，团队中的任何一个成员给出的建议只要对集体工作有益，就会被及时采纳。毛国峰和他的同事也因为主动分享工作经验，造就了集体的胜利，使得集体的每一个成员都快速成长起来。

　　正是因为毛国峰和他的团队成员能够及时总结并分享自己的经验，大家在工作中少走了许多弯路，减少了重复劳动，提高了团队的工作效率，为团队绩效的提升做出了贡献。

　　作为集体的一员，我们要意识到一个人的进步是不够的，整个集体都要进步。所以，我们要发挥"自己人效应"，主动和集体的每一位成员分享自己的工作经验，大家共同成长，使自己和集体能够保持一致的步调前进。

14.3　胜则举杯相庆，败则拼死相救

任正非认为现代企业要保持蓬勃生机，不能依靠以前的个人英雄主义，而要依靠团队的力量，所以华为一直主张"胜则举杯相庆，败则拼死相救"的团队作战文化，希望所有华为人以华为这个集体为重，对华为有责任心，集中智慧为华为的未来谋出路。

14.3.1　成功源于团队的齐心协力

拿破仑·希尔曾指出"集思广益"是人类最了不起的能耐，不但可以创造奇迹、开辟前所未有的新天地，还能激发人类最大的潜能。这也是"米格-25效应"中的重要观点。

───────── 职业管理理论 ─────────

米格-25效应

苏联研制生产的米格-25喷气式战斗机，以其优越的性能而广受世界各国青睐，然而，众多飞机制造专家却惊奇地发现：米格-25战斗机所使用的许多零部件与美国战斗机零部件相比要落后得多，而其整体作战性能却达到甚至超过了美国同期生产的战斗机。这种现象的原因是，米格公司在设计时从整体考虑，对各零部件进行了更为科学的组合设

计，使该机在速度、应激反应等方面反超美机。

米格-25效应是指，事物的内部结构对其整体功能的发挥影响很大。结构合理，会产生"整体大于部分之和"的功效；结构不合理，整体功能就会小于结构各部分功能相加之和，甚至出现负值。

也就是说，如果我们重视集体的力量，与团队成员相互吸取有益的东西，弥补各自的不足，做到资源整合，就能够实现"整体大于部分之和"。

2010年7月，黄青松（化名）到尼泊尔支持项目组的交付工作，当时尼泊尔的基础设施十分落后，站点获取、土建设计和实施等工作进程缓慢，工程的实施更是成了项目交付的一大瓶颈。

要在尼泊尔西部三个省的各个角落里安装完224个新建站点需要做多少准备工作？北部山区最为艰难的交付站点需要投入多少的人力物力来支撑？黄青松越想越着急，当时团队中的另一负责人发现黄青松似乎有些焦虑，立即组织团队成员开会商量站点勘测设计这一难题。

整合了集体的智慧之后，项目团队将部分站点的勘测工作分包给勘测分包团队之后，启用华为自有团队负责重要站点的勘测设计工作，并且现场联合分包团队一起勘测设计，还联系了华为首都作战室的各个专家和客户进行远程支持，及时决策，以高速高效的方式解决现场的问题。这样一来大大减少了前期无效勘测和重复勘测的情况，保障了关键站点的勘测设计工作。

华为团队的每个成员都积极融入群体，集中力量完成了站点勘测设计的工作。团队全员分工协作，一起奋战到深夜，尼泊尔的站点如期成功上线、实现商用。

在进入职场之前，我们或许都对自己信心满满，认为自己有知识、有文化、有理想，但是进入职场之后我们发现，这些不一定能够成就自己。因为一个人一生中的思想火花只有那么一两次，如果没有环境，没有平台，他的火花就燃不成燎原之势。我们要想办成一件大事，必须融入集体中，借助团队的力量来获取成功。

14.3.2　融入群体奋斗，与团队同甘共苦

德国哲学家叔本华十分赞赏团队合作精神，他说："单个的人是软弱无力的，就像漂流的鲁滨逊一样，只有同别人在一起，他才能完成许多事业。"

当我们处于职场环境中，我们就要融入群体中，与其他成员一起群策群力，发挥集体智慧，集合众人之力，完成共同的目标。华为人"胜则举杯相庆，败则拼死相救"的团队精神无疑是值得我们每一个职场人学习的。

2015年3月，王刚（化名）接受华为公司的安排，去往南非成了项目的负责人。项目由三家厂商共同负责，其中华为占据最

大区域。但王刚的团队此前没有相关的工作经验，这造成了竞争者共交付了37个新建站点而华为却只交付了7个的局面。

由于项目对于华为来说非常重要，加上客户对这个项目的要求非常严苛，那段时间王刚的精神压力非常大。为了能够让客户满意，王刚每天只休息4个小时，梦中还在排计划过站点，但仍旧没能达到很好的效果。反复思考之后，王刚开始意识到仅仅依靠自己的力量是无法解决这个问题的，于是决定组织团队成员一起想办法解决眼下的难题。

王刚的团队开始梳理内外流程，并针对新建站点类型的瓶颈和难点制订出了完善的交付方案，通过实施方案，拉动了下面的子项目，不留死角地解决了全部问题。

在团队成员的互相配合之下，项目终于在2015年年底有了很大的进展，华为负责的新建站交付终于在三个区域同时起量，项目也顺利开展。

这个项目完成之后，王刚自己也说："没有优秀的团队和优质的资源，项目不可能在短期内发生质的变化。"正如任正非说的："一个人，不管他多聪明，他的一生中也只能发出几次智慧的光芒。所有人的光芒聚集起来，未来才会很光明。"

在职场环境中，成功绝不是一个或者几个天才造就的，而是集体的每一个成员都贡献出自己的力量，共同努力的结果。作为集体的一员，我们要能够和团队同甘共苦，齐心协力完成集体的目标，从而实现个人目标。

第 15 章

担当责任，成为优秀人才

责任心是职场人士做好事情的前提，一个人有了事业上的责任心才能在面临巨大困难时咬牙坚持，才能在面对外界诱惑时不为所动，才能将全部的精力放在工作上，不腐败、不贪婪、不懈怠，才能忠诚于公司，服务于公司。

对职业成长的思考：

1. 如何做好自己的工作，获取更多职业发展机会？

2. 如何承担更多责任，帮助自己成长？

3. 什么是职业使命感？应该如何培养自己的职业使命感？

15.1 坚守岗位职责，培养敬业精神

任正非说："每个员工都要把精力用到本职工作上去，只有本职工作做好了，才能为你的成长带来更大效益。"华为要求每一个员工都有阿甘的精神，坚守岗位，以务实专注的态度对待工作。

15.1.1 "不是我的问题"的本质是失职

当今社会，很多人都受到大环境的影响，滋生了懒散、懦弱、不敬业的毛病。工作遇到问题时，他们想的不是如何解决问题，而是找出各种各样的理由为自己开脱责任。

华为公司产品开发部门的张宇飞（化名）深刻体会过推脱责任给工作造成的负面影响，当时他所在的部门参与某个产品版本的开发和生产支持工作。由于时间紧迫，客户的要求又非常高，项目组所有成员的工作任务都非常重，但因为是团队协作，很多人会推脱责任，出了问题下意识地说："这不是我的问题。"

当时张宇飞最常听到的一句话就是"这不是我的问题"。每次他走进环境实验室，如果产品在高温或低温情况下出现异常，总有一堆人围着温箱轮番上阵，他们分析现象、查寄存器、改软件设置，但却不是为了解决问题，而是找出能够证明自己"清白"的证据。到最后，张宇飞也搞不清楚问题应该让谁解决。这

使得工作进行地非常缓慢。最后，张宇飞只能将所有人集合起来，不区分职责，才找到故障原因，解决了问题。

这种情况就像莎士比亚说的："当事情出了差错，我们就会把灾祸归怨于日月星辰。"殊不知，事情出了差错是因为我们没有做好自己该做的事情，我们的灾祸也是因为自己的失职造成的。作为职场人士，如果我们不能主动地承担责任，一味地说"不是我的问题"，就是我们最大的失职。

为了避免成为逃避责任的懦弱者，我们可以借助一些管理工具，督促自己坚守岗位，做好自己的本职工作。

职业管理工具

德鲁克责任绩效法

德鲁克曾说："责任保证绩效。"从人的两面性来讲，人们很想承担责任，展示自己的能力，同时又害怕承担责任，毕竟责任是一种无形的心理压力。德鲁克提出要提高员工的责任感，并且与绩效结合起来，形成责任绩效法，让员工能够主动承担责任，做好本职工作。

作为员工，我们要主动在责任感方面下工夫，让自己在内心深处有一种强烈的工作责任感，要意识到只有做好自己的工作，才能达成优秀绩效，将心理压力转化为积极工作的动力。

15.1.2　爱岗敬业，珍惜每一次发展机会

我们的职业生涯可能会历经多个职业和岗位，每到一个新的岗位，面临的工作环境都有差异，面对的压力也不一样。有些人在面对这些困难的时候会选择放弃，但也有人选择克服困难，坚守在岗位上奋斗。

其实，在选择的时候，我们先要考虑清楚，因为不管我们做出什么选择，都不能保证以后会一帆风顺，所以我们首先想到的应该是坚持向前走一步，一定要珍惜每一次工作机会，努力把手头上的工作做好。

华为无线深圳研究所解决方案部的部长甘斌最初在一个研发团队工作，那时整个研发团队的人数不多，每个人都要负责很多工作。甘斌每天天还没亮就要起来工作，一直忙碌到深夜才会离开公司。就这样过了两个月，团队中有几个成员因为顶不住压力放弃了这份工作，而甘斌坚持了下来，并且认真地做好了自己的每一项工作。在两个月之后他就能够独立承担一定的工作了。

此后的大半年时间里，甘斌变得越来越忙，承担的职责也越来越多。他没有因此而抱怨，而是珍惜每一次工作机会，在公司和工程现场之间来回奔波，解决了项目过程中很多棘手的问题。因为甘斌的努力和认真负责，进华为不到一年他就成了部门的业务骨干。两年后成了项目领导，也正是这时，他在有些工作上与主管意见不一致，再加上他认为自己当时负责的工作前景不明，逐渐感觉遇到了发展瓶颈。很多与他境况相同的同事都选择了离开，但是他坚持了下来，不管遇到任何困难，始终爱岗敬业，珍

惜每一次发展机会，最终成了华为的专家，并得到公司的提拔，成了部门的部长。

随着公司的发展，我们工作、生活的环境会不断改善，工作的工具、方法会不断提升。不管有任何变化，我们在每一个岗位上，在每一个能够负起责任的地方，都应该恪守职责，敢于承担责任，把事情做到最好。我们要像甘斌一样，始终保持敬业、恪尽职守、一丝不苟、努力奋斗的精神，最终有所成长，有所突破。

15.2　主动承担责任，磨砺自己

责任感直接决定了我们的工作态度和工作状态。如果我们能够主动承担责任，那么我们不仅会对自己的工作负责，尽心尽力地对待工作，还有很大可能超质超量地完成自己的工作任务；而当我们责任心不强的时候，我们很有可能会浑浑噩噩，连自己的本职工作都无法顺利完成。这两种差别巨大的工作状态，将直接导致工作成果的不同。

15.2.1　关键时刻，要敢于挺身而出

趋利避害是人的本能，但是在职场上，"趋害"可能是一个更好的选择。这里的"害"并不是指对自己事业有损害的事情，而是指当事发突然，需要有人承担责任时，有人担心如果无法做好这个工作会损害个人利益，以此为"害"。

其实，我们都要端正自己的心态。这种"害"可能会造成一时的经济损失和精力消耗，但是如果我们能够出现在公司最需要的地方，真正为公司解决问题，就能够磨砺自己，使心智更为成熟，使工作能力得到提高。

2014年某一天，华为维护人员柴文波已经连续值守一个月了。在接连的辛苦工作之后，华为的维护专家们终于实现了客户要求的局点升级，柴文波也能回家休息几天了。

但是第二天凌晨一点，现场人员打电话给柴文波，称联系不到维护专家，但是现场的局点升级之后，网络出现故障，于是只好联系柴文波。

关键时候维护专家不在，谁来承担这个关键职责？柴文波收拾好起床已经是凌晨两点了，当时外面下着暴雨，他所在的小区大门也已经上锁。柴文波翻墙出来之后一路直奔升级现场，一番分析之后找到了解决方案：必须在六点之前打上紧急补丁，否则可能会影响客户的正常使用。在巨大压力之下，柴文波硬着头皮输入代码，和现场人员一起顺利完成了升级。

其实，职场中有能力的员工不在少数，但是能够成为公司干部的员工除了有能力，还需要有很强的责任心。这份挺身而出的责任心能够让员工不管面对什么困难和挫折，首先想到的不是怎么逃避，而是如何解决难题，渡过难关。

所以，我们要意识到勇挑重担、敢于担当其实也是对自己的工作负责的表现。面对那些职责之外自己力所能及的事情，不要躲避，勇敢承担起这个职责，让自己在磨砺中成长。

15.2.2 承担责任，获得更多机会

华为公司在选拔干部的时候有一个准则，那就是没有经过责任感改造的员工是不会被提拔到高层的。一个没有责任感的人，进入管理层之后，容易导致不团结，甚至分裂。

从公司层面上来说，选择一个有责任感的员工承担更多职责有利于公司的稳定发展。从我们个人角度上来说，当我们更有责任心，愿意主动承担更多责任时，就能够获得更多的机会。

2013年，华为公司在做技术规划方面的工作的时候，业界已经有了"数据和业务分离"的分布式架构理念，但是主流厂商都还没做出产品。

就在这个关键时期，华为公司决定要做好新一代HLR（归属位置寄存器）的架构设计。由于没有可参考的经验，华为面临两个挑战：第一个是生与死的挑战，第二个是80分和100分的挑战。如果无法做好产品架构，那么产品就没有竞争力，根本就不能立足。而第二个挑战决定了产品的生命周期。这无疑是一个非常困难而艰巨的任务，几乎所有人都认为自己难以承担这个责任，于是这个项目迟迟无法开启。

王金城曾负责老一代HLR的架构设计，但是由于连续发生事故，他内心一直非常自责。面对新项目，他的心理压力也非常大，但是再三思量之后，他决定承担起新一代HLR的架构设计的职责，重新证明自己。

在新一代HLR的技术规划中，王金城非常关注规划和解决技

术难题，以及产品应用和客户感知，并且坚持聚焦技术。在他的不懈努力下，新一代HLR非常成功，不仅分布式架构符合未来的演进趋势，而且稳定性和可靠性远超竞争者同类产品。王金城在关键时刻勇敢地承担起了重要责任，也很好地完成了这个项目，获得了公司的认可，成了架构设计方面的专家。

其实，从王金城的工作经历也可以看出，当我们能够勇敢地承担责任的时候，我们就会有一种被自己推着前进的感觉，认为自己必须做好这件事情，于是积极投入到工作中，并且追求改进，最终取得自己想要的成绩，也为自己创造出更多的机会。

所以，我们每个人都不要畏惧担责，而要勇敢地迎接挑战，在努力工作中得到能力的提升。

15.3   增强使命感，与公司共命运

任正非说："成功是集体努力的结果，失败是集体的责任，不将成绩归于个人，也不把失败视为个人的责任。"华为人之所以能够具备高度团结的协作精神，是因为他们每个人都有着极强的职业使命感，认为自己和公司是"同呼吸，共命运"的。所以，他们在困难面前更多地会选择同甘共苦，共同承担团队失败的责任。

15.3.1   树立职业使命感，努力创造价值

随着我们在职业发展过程中取得一定的成绩，职位升迁，

薪水也能够满足我们的生活所需，我们的安全需求和基本的生理需求都不再是我们关注的重点，我们会更多地考虑自己的尊重需求和自我实现需求。而越是这个时候，我们就越要树立职业使命感，努力创造更大价值来满足我们更高层次的需求。

职业管理理论

马斯洛需求层次理论

美国心理学家亚伯拉罕·马斯洛在《人类激励理论》中提出了马斯洛需求层次理论，他将人类需求像阶梯一样从低到高按层次分为五种，分别是：生理需求、安全需求、社交需求、尊重需求和自我实现需求。

马斯洛在晚期还提出了超自我实现理论。他指明当一个人的心理状态充分满足了自我实现的需求时，会出现短暂的"高峰经验"，通常都是在执行一件事情时，或是完成一件事情时，才能深刻体验到这种感觉，通常都是出现在艺术家或是音乐家身上。

其实，对事业有追求的人都应该对事业充满使命感，因为这种职业使命感会使我们保持持久的工作热情和高度负责的工作态度，不仅能够激励自己前行，还能帮助我们在逆境中克服困难，实现目标。

任正非就是一个有着职业使命感的企业管理者，他表示："一个职业管理者的社会责任（狭义）与历史使命，就是为了完成组织目标而奋斗。以组织目标的完成为责任，缩短实现组织目标的时间，节约实现组织目标的资源，就是一个管理者的职业素养与成就。一个职业管理者的工作就是实现组织目标，因此，实现组织目标不是受他的个人成就欲所驱使，而是他的社会责任（狭义）无时不在地给他压力。"

可见，任正非的职业使命感使他对华为的发展有着极强的责任感，这也是他能够管理好华为公司，同时帮助自己实现个人目标，取得极高事业成就的关键原因。

对于职场上的每个人来说，我们要树立这种职业使命感，帮助我们看清自己所处的位置、承担的使命，让这种使命感驱使我们不断挑战自我、追求卓越、创造更大的价值。

15.3.2　将自己的事业融入公司的事业中

任正非曾指出，当一个人抱着打工仔的心态工作的时候，就无法和公司建立起一种生死与共的命运观念。所以，华为采取了一定的激励措施，让员工的切身利益和公司的利益息息相关，让每个员工都成为公司的"合伙人"。

在谋求事业发展的过程中，有的公司可能不会提供这种"合伙人"制度，让我们直观感受到自己的发展与企业的发展之间的密切联系。但我们要能够从本质上看到，只有将自己的事业融入公司的事业中，我们才能全身心投入到工作之中，最终成就自己。

2013年，华为东南亚地区部部长张伟被公司调往泰国，成了华为泰国子公司监督型董事会的试点董事，他也是华为公司最早的海外专职董事之一。

华为在全球有多个子公司，希望能够借助全球的平台优势，迎来更大的业务发展机会，稳固华为的国际大企业地位。建设子公司董事会，就是希望能够建设一线的综合监督治理平台，保证未来向一线全面授权不会乱。这也就意味着子公司的专职董事需要承担起这个综合治理的职责，帮助子公司实现更好的发展。某种程度上来说，子公司的专职董事就是子公司的最高负责人。子公司发展得好，专职董事自己的事业才能有好的发展。

在张伟的管理下，泰国子公司发展顺利。而这两年的专职董事履历，也使得张伟全方位地成长了起来。专业能力上，张伟的市场开拓能力不断提升，并且逐渐向财务、法律等方面扩展；人际交往方面，张伟加强了与子公司上下的各方利益关系人之间的沟通，做到了外圆内方。因为张伟将自己视为子公司的一分子，所以他的职业价值最终在华为子公司发展的过程中得到了实现。

我们每个人都应摒弃"自己只是公司的一个普通员工，公司的发展与自己没有什么太大的关系"这种想法，认为自己与公司之间是"利益共同体"，一荣俱荣一损俱损，才能真正全身心投入到工作中，与公司共同进步、发展，实现自己的价值。

第 16 章

以成果为导向，做出最佳贡献

在华为，一切都以成果为导向，只有为公司创造了价值，才能获得等价值的回报。任正非向华为人强调，只有减少重复劳动，对准团队目标提高工作效率，并在许诺的时间内完成目标，取得成果，才算是在工作中做出了贡献。

对职业成长的思考：

1. 奋斗的定义是什么？奋斗者又该如何衡量？

2. 加班和艰苦奋斗之间存在什么联系？

3. 如何在最佳时间，承担最佳角色，做出最佳贡献？

16.1　加班不等于艰苦奋斗

任正非说："对员工的评价，看贡献，而不是看加班加点。有些干部以加班多少来评价人，以加班多少来评判劳动态度，我认为这样的评价有问题。有些人很快把活干完，质量还很高，贡献也很大，但就是不加班。这说明他可能是一个潜力很大的人，可以给他换一个岗位，多一些事儿，看是否可以提拔一下发挥更大的价值。"

16.1.1　不能为客户创造价值的劳动都属于无效劳动

有一个关于华为公司加班的段子说，员工按照工作时间下班要自己解决晚餐，但是如果留到七点公司就提供晚餐，留到八点公司还有消夜，工作到十点公司就解决路费。这就使得很多下班之后没有别的安排的员工会选择留在公司消磨时间，解决晚饭和回家的路费。而且加班的员工的绩效考评也会比按时下班的员工高出一截，选拔干部也优先选择加班加点的"奋斗者"。

那么实际情况真的如段子所说的那样吗？任正非曾明确指出，华为公司对员工的评价看贡献，而不是看加班加点，也绝不以加班时间长短来评判劳动态度。也就是说，段子说的华为为加班的员工提供福利的事情或许是真的，但是对于员工的评价，华为公司有自己的评断标准，绝不鼓励员工消磨时间式的加班，也只会从卓有成效的奋斗者中选拔干部。

华为的"加班文化"广为流传，在外界看来华为人都很能吃苦。刘雨凌入职华为之前，对华为的印象之一就是"无休止的加班"。

刘雨凌的最初印象，让她心中认定了华为就是盛行加班文化和奋斗者精神。于是，最开始的那段时间，她常常加班到深夜，周末也不休息，每天都过着"两点一线"的生活。她并没有刻意加班磨洋工，而是实实在在地做事。刘雨凌的部门主管很快就发现了这个勤劳肯干的新员工，并多次肯定她的工作成果，这些都坚定了刘雨凌继续加班的决心，她甚至认为"艰苦奋斗＝加班"。

基于这样的想法，刘雨凌在成为PL（项目组长）之后的第一次集体评议上，反复强调项目组某某加班到很晚，并向上级申请更好的考评结果。她当时的主管立即阻止了她，并劝解道："评价一个人不是看他辛不辛苦累不累，而是看他在工作中交付的成果。"刘雨凌哑口无言，主管简短的一句话颠覆了她对"艰苦奋斗"的认识。她意识到"艰苦奋斗≠加班"，艰苦奋斗是要结合绩效来考虑的，不管加班到几点，如果交付结果不好，按照华为的考核制度，是不会因为某个人工作时间特别长而改变他的考评成绩的。

我们很多人都会有和刘雨凌一样的误解，认为"加班=艰苦奋斗"，认为加班就能得到好的评价，即使没有需要加班完成的任务，也会整天忙来忙去，真正到了交付的时候，才发现都是些没什么价值的内容。

对于任何公司而言，一切不能创造价值的劳动都属于无效劳动。我们一定要弄清楚这些关系，不要整天毫无目的地瞎忙，而要勤勤恳恳地工作，尽快把自己的工作做完，保证自己的工作质量，做出实实在在的贡献。不管我们是否加班，我们都能够发挥出自己的价值，获得应有的成果。

16.1.2　奋斗要紧密围绕企业的核心价值观

在工作之前会有亲朋好友叮嘱我们："要好好奋斗。"我们也总会说好，因为我们认为奋斗是一件好事，是成就我们事业理想的助力。但是怎样工作才叫奋斗呢？

字典上说"奋斗"是完全专注地做事，以完成理想、政治理念或目标。这也是从我们个人角度出发的一个理解，但是当我们融入公司这个环境中，"奋斗"的定义不再是字典上的一行解释，而是需要结合公司整个文化氛围和环境来看待的一个概念。

在华为，奋斗不是用工作时长来衡量的，其关键不在于员工做了什么，而在于员工为什么要这么做，在于员工在奋斗和创造价值时都应该紧密围绕华为的核心价值观。

2014年，华为武汉研究所四个小分队抵达各省市，当时每个技术负责人都要同时跟多个客户接触，所以实际上分配到每个客户身上的时间是非常有限的，如何争取客户资源成了武汉研究所小分队的第一个难题。

为了有更多机会呈现优势，小分队的成员总是想方设法和客户在一起。江苏准备启动正式测试的时候，小分队的负责人之一李晓婷多次邀请客户，但始终没能和客户约定时间交流。李晓婷秉承着"以客户为中心"的价值观，坚持不懈地与客户联系，并表示以客户的时间为重，希望客户抽空与她见面。

在李晓婷的努力下，客户终于答应邀约，抽出一天的时间来与她沟通合作事宜。李晓婷认为这一次见面是唯一打动客户的机会了，于是她围绕公司"为客户创造价值"的核心价值观制订了一套方案，方案解决了客户的诉求，连客户偶然间提到的花了很长时间做铜改光链路调度去提高传输效率却没能成功一事，李晓婷也考虑到了。

果然，当客户看到李晓婷提供的方案，他兴奋地说："太好了！新方案我们一直在摸索，没想到这么快被华为解决了！"

华为一直倡导员工围绕"以客户为中心，以奋斗者为本，长期坚持艰苦奋斗"的核心价值观来为客户创造价值，华为公司也是据此来衡量奋斗者创造的价值并给奋斗者分配价值回报的。

所以，当我们希望自己的工作能够创造出价值，并且自己能够获得相应的价值回报的时候，就应该结合自己所在企业的核心价值观来定义"奋斗"，并紧密围绕企业的价值观做出成果，创造价值。

16.2 茶壶里倒不出饺子等于没饺子

任正非说："茶壶里煮饺子，倒不出来就不算有饺子。"意思是个人能力再强，也需要借助工作绩效来体现。绩效考核考评的是工作中表现出来的行为和最终结果，而不是能力。

16.2.1　学历不是绩效考核的唯一标准

我们最初进入职场的时候会认为学历非常重要，认为学历几乎决定了自己的职业生涯在什么平台上开启。的确，学历是我们进入职场的一块敲门砖。但是当我们进入职场之后，学历不再是唯一的绩效考核标准，甚至是一项并不重要的评价标准。因为任何企业都是追求更高价值的，绩效标准也是根据这个来制订的，所以，只有你创造了更大的价值，你才能得到相应的更高的绩效和收入。

任正非曾在员工大会上强调"个人永久性的标记（学历、职称、社会荣誉等）仅仅是个纪念"，并且指明"我认为一个人的文凭如何并不重要；一个人要努力提高自己的基础知识和技能，这很重要。拥有高学历的人曾受到很好的基础训练，容易吸收新的技术与管理。但是有知识的人不一定有很好的技能。我们要以贡献来评价薪酬。如果说这人很有学问，里面装了很多饺子但倒不出来，那么倒不出来就等于实际上没有饺子。企业不是按一个人的知识来确定收入的，而是以他拥有的知识的贡献度来确定的。我们强调使用一个干部时，不要考虑他的学历，不要按他的知识来使用，我们必须要按他承担的责任、他的能力、他的贡献等考核干部，杜绝形而上学，杜绝唯学历论。特别是对于基层干部、基层员工来说，我们有不同的素质模型，我们要按不同的素质模型去选拔员工，提高学历就是提高了成本"。

其实任正非的一番话已经指出了非常重要的一点，那就是在企业中，学历和知识并不是确定收入的决定性因素，真正的评价标准是一个人的贡献和业绩。

我们在职场上一定要找准自己的位置，不要过分看重学历的作用，其实和你在一个平台工作的大多数都是和你学历差不多的人。你要做的是努力创造价值，争取能力超过同学历的竞争者，创造的价值高过能力突出者，获得好的绩效考评成绩。

16.2.2　个人价值要体现在解决问题上

很多人都有一个误解，那就是把素质理解成认知能力，所以格外看重自己的学历和知识水平，其实这只是认知能力。认知能力不能直接生成绩效，只有用来做贡献才可能产生价值。一个人的本事再大、能力再强，如果无法通过实践做出结果来，就不可能获得认可，个人价值也无法很好地体现出来。所以，我们在工作之前一定要有一种目标感，要建立自己的结果导向原则。

职业管理理论

结果导向

"结果导向"是ISO（国际标准化组织）质量管理体系、绩效管理理论中的基本概念和核心思想之一，强调经营、管理和工作的结果（经济与社会效益和客户满意度），经营管理和日常工作中表现出来的能力、态度均要符合结果的要求，否则没有价值和意义。结果导向强调的就是站在结果的角度思考问题，并养成一种思维习惯，目标明确，达成结果，实现价值。

当建立起结果导向原则时，我们就能够鞭策自己在正确的时间、正确的地点做正确的事情，从而做出一定的成绩，实现个人的价值。

2008年，杨波主导的华为订单金额与配置分离项目通过了供应链、IT、收入业务中心、报告等专家的预审，并且项目的目标方向和解决方案都设计得非常完美，但华为在紧要关头发现关键对象沟通不到位，造成项目未能成功立项，并导致部门的重点工作受到影响，杨波作为项目专家及项目领导主动申请年度考核降级。

在此后的一年里，杨波重点观察了其他部门的项目立项工作，他发现需要依赖前端业务部门和业务流程的配合制订账务解决方案，依据方案做出相应的动作，设置相应的控制，最终实现管理价值。

杨波意识到，能够发现问题并由此设计有效的解决方案只是对专家的基本要求。想要成为一个真正有实力的专家必须真正解决问题，推动解决方案的落地。他认为一个成熟的专家最终要解决问题并为企业创造价值。

他决心重新做好原来的项目，在修改方案的同时他发现，不管是解决方案本身存在问题，还是缺乏落实解决方案的有效路径，都意味着解决方案的价值没有体现出来，也就是专家的能力没有体现出来。到了第二年，在杨波的努力下，项目经过持续运作，终于成功立项并得以实施。

可以看出，杨波就属于那种非常明晰个人价值体现在解决问题上的人，也正因如此，他才能做好工作，成为专家。

我们每个人在工作的时候，都要能够朝着结果努力。只有做出了好的工作成果、解决了实际问题，我们的价值才能够体现出来，公司才能看到我们的价值，给我们更多的发展机会。

16.3　做出有效贡献才能获得提拔

任正非曾经调整了华为的员工管理制度，依据华为员工"产粮食"的能力对员工的待遇进行相应的调整。任正非说："要看是不是多产了粮食。如果增收了粮食，这个政策就是对的；没有增收粮食，这个政策就是错的。我们投入那么多人力，不能多产粮食的主管就该下台。"

华为非常看重员工创造的价值。是否能够给公司带来增值及能否为企业作贡献是华为选拔人才的首要条件，所以华为多次强调华为人要"打胜仗"，要"多产粮食"。

16.3.1　在最佳时间，以最佳角色，做出最佳贡献

2017年，华为高管陈黎芳在与新员工的座谈会上指出，职场人要从工作中脱颖而出，就要找准方向，在最佳时间，以最佳角色，做出最佳贡献。

什么是"在最佳时间，以最佳角色，做出最佳贡献"呢？按照陈黎芳的说法就是，13级、14级的员工（属于刚进公司的新员工）要抢着干活，因为新员工的工作态度非常重要。15级、16级的员工要把本职工作做好，把手里的每一件事情都做好，即使不

能一次到位，也要很快改进。17至19级的员工（这个等级的员工有机会进入管理层）要做好开创性、跨领域的工作。

华为公司之所以呼唤更多人"在最佳时间，以最佳角色，做出最佳贡献"，是因为公司发展需要每个岗位的员工能够在自己的职位上发挥出最大的价值。

很多公司的理念与华为公司是一致的，所以，很多公司会采取KPA考核法来管理员工，让他们在各自的岗位上做好价值创造。

职业管理工具

关键绩效事件考核法

KPA意为"关键绩效事件"，这些关键绩效事件指出了企业需要集中力量改进和解决问题的过程。同时，这些关键绩效事件指明了为了要达到该能力成熟度等级所需要解决的具体问题。每个KPA都明确地列出一个或多个的目标，并且指明了一组相关联的关键实践。实施这些关键实践就能实现这个关键绩效事件的目标，从而达到增强过程能力的效果。

作为个人，我们也可以自己根据关键绩效事件考核法来管理自己的工作行为，按照公司所需，在最佳时间，以最佳角色，做出最佳贡献，完成公司分解到个人身上的目标，以有效的贡献争取更多被提拔的可能。

16.3.2 价值贡献的大小决定薪酬待遇的差距

一般来说，每个公司都会有一个价值评价体系，这个价值评价体系围绕员工所做的价值贡献大小给员工相应的评价，并以此来决定员工的薪酬待遇。也就是说，一个员工做出了多大的价值贡献，就能获得多少薪酬，公司借助这种价值分配策略来促进员工责任结果的提升。

这对于我们每一个人来说都是比较公平的。只要我们能够努力工作，就能得到相应的薪酬回报和晋升机会。

华为规定，考核网络设备这样的成熟业务的时候，每个代表处必须实现基线管理，奖金以考核为准，考核以基线为准。也就是说，每个代表处的计划出来后，都要有一个相应的业务基线，用实际完成情况和这个基线进行比较。基线也不是只有一条线，销售要有基线，利润也要有基线，二者权重不同，不同时间权重不同，不同区域权重也不同，但不是随意变化的。

员工只需要对比基线标准去做，并且努力做好，一个周期结束后，该得多少奖金，公司会立刻发放。华为网络设备业务部门的员工说："成果一经公布，谁做出了怎样的成绩一清二楚，做得好的就多拿，做得差的就少拿，谁也挑不出毛病。想要多拿奖金赶上前几名，那下个周期把工作做好就是了。"

任正非表示华为采取的价值分配策略就是依据奋斗者的贡献来决定他能得到的回报。这也是华为人具备艰苦奋斗精神的重要原因。

我们要想获得更高的成就，就要根据公司的价值分配机制，做出更大的价值贡献。

16.3.3　面向客户的贡献者才能"升官发财"

任何一个企业都是功利集团，一切行动都是为了实现商业价值和利益，而这些价值和利益都来自客户。所以华为公司倡导所有员工都能坚持以客户为中心，面向客户做出贡献，而多劳者、贡献者就能"发财"，这条准则从华为创立之初到现在，一直被认真执行。

这对任何企业的工作者都有指导意义，我们每个人都应该明白，工作成果的好坏取决于客户，只有客户选择了我们的工作成果，我们的工作才有价值，我们才能得到公司的认可，获得"升官发财"的机会。

在华为，"升官发财"是最难的事情，也是最容易的事情。"难"是因为要拿下大客户非常不容易，"容易"是因为只要下工夫拿下了客户，就能够很快"登上人生巅峰"。

2012年底，华为的竞标团队终于凭借自己的努力取得了客户的信任，攻克了多年未拿下的"大粮仓"，拿下了某国近10亿美元的订单，华为当即就给立下汗马功劳的竞标团队奖励了700万元。

华为的竞标团队正为了巨额的奖金欣喜若狂的时候，任正非又拍板决定要再奖励竞标团队1000万元。当时地区部的总裁回绝了任正非的提议，表示700万元的奖金已经下放，不需要给更多了。任正非却坚持要再次奖励竞标团队，他表示客户对华为非常满意，表达出了长期与华为合作的意愿，竞标团队做出的贡献大大超过了公司的预期，所以竞标团队理所当然要有相应的回报。就这样，华为的竞标团队的每个成员都"发财"，并且多个成员被提拔"升了官"。

也许你所在的公司没有华为公司这么快速对你的贡献给予相应的奖励，但是所有的公司都是一样的，目标都是让客户购买公司的产品和服务。如果你有"升官发财"的意愿，就努力去做好自己的工作，做一名面向客户的贡献者。

参考文献

REFERENCE

[1] 黄卫伟. 以奋斗者为本：华为公司人力资源管理纲要[M]. 北京：中信出版社，2014.

[2] 黄卫伟. 以客户为中心：华为公司业务管理纲要[M]. 北京：中信出版社，2016.

[3] 田涛，殷志峰. 枪林弹雨中成长[M]. 北京：生活·读书·新知三联书店，2016.

[4] 田涛，殷志峰. 厚积薄发[M]. 北京：生活·读书·新知三联书店，2017.

[5] 杨少龙. 华为靠什么：任正非创业史与华为成长揭秘[M]. 北京：中信出版社，2014.

[6] 田涛，吴春波. 下一个倒下的会不会是华为[M]. 北京：中信出版社，2012.

[7] 汤圣平. 走出华为：一本真正关注中国企业命运的书[M]. 北京：中国社会科学出版社，2004.

[8] 张利华. 华为研发[M]. 北京：机械工业出版社，2009.

[9] 程东升，程海燕. 任正非管理日志[M]. 北京：中信出版社，2008.

[10] 文丽颜. 华为的人力资源管理[M]. 深圳：海天出版社，2006.

[11]　吴春波. 华为没有秘密：华为如何探索和坚守常识[M]. 北京：中信出版社，2014.

[12]　周留征. 华为哲学：任正非的企业之道[M]. 北京：机械工业出版社，2015.

[13]　李玉琢. 一路直行：我的企业理想[M]. 北京：当代中国出版社，2014.

[14]　刘劲松，胡必刚. 华为能，你也能：IPD重构产品研发[M]. 北京：北京大学出版社，2015.

[15]　[美]彼得·德鲁克. 成果管理[M]. 朱雁冰，译. 北京：机械工业出版社，2006.

[16]　[美]艾森·拉塞尔. 麦肯锡方法[M]. 张薇薇，译. 北京：机械工业出版社，2009.

[17]　[日]大前研一. 专业主义[M]. 裴立杰，译. 2版. 北京：中信出版社，2010.

[18]　[日]大岛祥誉. 麦肯锡工作法[M]. 王柏静，译. 北京：中信出版社，2014.